Contribution Immédiatique Sans Parti Pris

Robin 2 Malet

A mon Grégoire, + 2014
Qui me manque tant et encore un peu plus tant chaque jour.

A Aliénor et Edouard-Frédéric
qui sont mon essentiel.

A ma mère, + 2008
résistante, Croix de guerre 39-45.

A mon père,
anonyme ancien combattant 39-45.
engagé volontaire dans la 1ère DB,
jamais décoré par la France.

A Jean-Jacques Goldmann, il sait pourquoi

Aux restos du cœur, pour leur cœur

A moi,[1]

---

[1] « Moi » s'entend de ma famille et de mon cercle social proche, d'abord, de mes 50 millions d'amis, ensuite, qui sont tous un bout de moi, et… de moi-même aussi, car pourquoi ne pas s'aimer soi-même ?

AVERTISSEMENT

Puisqu'on nous y invite, ces quelques pages sont notre contribution au grand débat auquel on nous convie.

Il ne s'agit d'abord que du constat de l'exaspération d'un citoyen lambda incolore, qui fait sans doute partie de cette majorité silencieuse qui ne se reconnait plus dans l'état dans lequel l'Etat s'est mis, et nous avec.

Plus encore, peut-être, ces lignes sont l'expression du ras le bol de ce citoyen-là, face à cet insupportable spectacle que nous offre le cirque politico-médiatique à la mode, qui veut qu'on critique par principe tout discours, toute idée, toute tentative de réforme, tout appel au débat, sans jamais s'essayer à, de bonne foi, en examiner le fond, s'intéressant, de mauvaise foi souvent, à la seule forme, voire à un seul mot du discours, malicieusement sorti de son contexte, sans jamais s'aventurer à rebondir sur la piste proposée, vers d'autres suggestions de fond.

Si ce citoyen-là pouvait ajouter du son aux lignes de ce simpliste essai, il choisirait la chanson du merveilleux Gérard Lenorman, « *Si j'étais Président* ».

Et puis, passé les constats, il s'est pris au jeu de ce Lenorman là, et s'est interrogé sur ce que pourrait bien être une nouvelle société réconciliée.

Sa plume a glissé toute seule sur le papier, sans qu'il ne la censure.

Tout est approximatif dans les lignes qui viennent, les chiffres sont sans doute erronés, les erreurs grossières, les raccourcis évidents, les projections irréalistes, les mécanismes invraisemblables, mais c'est la contribution du citoyen simpliste, celui que justement on interroge, et qui n'est pas professionnel des affaires de l'Etat, ni des chiffres de Bercy.

Simplement, les pistes qui sont ici benoitement ouvertes et romancées par ce citoyen sans culture des affaires de l'Etat peuvent, qui sait, contribuer à la réflexion, et servir, tel un concept car, à la construction par des spécialistes avisés du réel nouveau pacte social qu'il nous faut vite trouver.

C'est le seul dessein de ce petit essai, qu'il faut prendre au second degré, celui de rêver d'une société qui s'aime.

C'est aussi, puisque la grande consultation est ouverte, la contribution du citoyen ainsi sollicité, qui n'a pas voulu, ce serait si facile pour mieux critiquer après, se dérober par principe à l'exercice.

Pardon à la majorité des sondeurs, médias et journalistes, innocents et de qualité. Qu'ils ne prennent pas pour eux les ricochets collatéraux de notre irritation exacerbée à l'égard de ceux de leurs faux frères qui imitent leur métier.

Ce sont juste ceux-là que je dénonce.

AU CONSTAT de ces milliers de gens *normaux,* qui ont soudain envahi les ronds-points, certes avec l'indignation pour seul message incantatoire, mais avec pour munition la frustration du citoyen qui travaille et ne peut vivre de son labeur, il est évident qu'il y a lieu de réviser la gouvernance publique, la dépense collective et la fiscalité et, peut-être est-ce là l'essentiel, de considérer avec égard le citoyen au quotidien, et non au travers du prisme de l'arrogance des Ministères parisiens.

Nos gouvernants et autres personnages publics n'ont pas su percevoir le fossé qui s'est créé entre l'Etat et ce jaune citoyen là, entre Paris et le monde rural, entre ceux que ce dernier considère assistés et lui qu'on saigne à coup d'aspirateur fiscal, entre le monde des sur-riches et celui des quasi-pauvres.

Il s'agit là cependant d'une opportunité unique, pour notre grande Nation, parfois un peu trop fière, un brin coq prétentieux, de montrer qu'elle est encore capable de se reprendre en main, de se rebiffer.

Car l'histoire a déjà montré qu'après avoir courbé l'échine, la France peut soudain se reprendre et surprendre le monde entier, par exemple par l'ampleur d'une inédite révolution paisible, fondant un modèle social novateur et moderne, dont elle aura le culot de se doter avant les autres Nations.

Aucun candidat sérieux à initier pareille inéluctable et profonde révolution sociale, institutionnelle et fiscale ne peut, et c'est une grande première, sombrer dans la facilité de mesures démagogiques, générant toujours plus de dépenses dispendieuses et de nouveaux déficits pour abreuver le grand banquet de Danaïdes, sauf à décrédibiliser ce qui restait encore vaguement crédible de notre économie, et nous précipiter, dans l'instant, dans l'anti chambre des pays en faillite, empestée de l'odeur fétide de l'insurrection.

C'est ici que l'opportunité est historique.

Jamais un peuple n'a été si conscient de l'inévitable effort à consentir et de l'urgence de cette profonde et juste réforme, équilibrée mais curative, qui s'impose au pays, avec les mêmes contraintes et les mêmes prérequis, quelle que soit la couleur politique affichée de celui qui portera le projet, sauf à céder la barre à un populiste, ce qui nous conduirait à la déroute.

Alors, pour relever le challenge, et prétendre à tel scénario de renaissance, il nous faut prier de rentrer chez eux, le temps de quelques mois au moins, ceux des apprentis-sorciers démagogues et populistes, affairés à monter les gens les uns contre les autres, alors que l'ouragan menace.

Bon débarras ! Que ces obstinés obtus s'en aillent tous ensemble convoler un moment dans quelque camp de vacances offshore, où ils pourront se consacrer à leurs toujours pipés jeux de *marelle*, et se jeter, sans nous, leurs boules puantes à la figure.

A qui fera-t-on croire qu'entre tous les citoyens, de bonne intelligence et de bonne foi, il y a un fossé idéologique tel, qu'il serait impossible de les rapprocher sur les fondations humanistes de bonne foi d'un projet rééquilibré de vie en commun, dès lors qu'il en va du salut général ?

Y a-t-il, au fond, une différence majeure entre tous nos prétendants politiques de haute intelligence, sous le prétexte qu'un jour, le système a voulu qu'ils choisissent une couleur, souvent par pure opportunisme ?

Ne sont-ils pas, en fait, construits, comme nous, sur le même bâti d'humanoïde, lorsqu'on gratte un peu la peinture ?

A l'aube, si ce n'est déjà au petit matin des défis majeurs qui se présentent, l'heure est-elle encore à tergiverser en chamaillerie de collège sur la teinte de la gouache, pendant que faillite, misère, révolte et souffrance s'installent ?

Il nous faut tous accepter des concessions, et inventer des avancées, pour que sorte du débat un projet consensuel novateur.

Certains, ceux qui n'ont d'envie que le chaos, qui occupe leurs loisirs, ou les met un instant à l'affiche, ou les distrait, ou les galvanise, ceux qui n'ont d'existence ou visibilité au quotidien qu'au travers de ce jeu de maternelle aggravé de promesses populistes, n'en seront pas.

Madame Natacha Bouchart n'a-t-elle pas crédibilisé le jeu collectif, qui n'interdit pas le talent individuel des joueurs, en se faisant élire, à Calais, en 2008, à la tête d'une liste « *d'ouverture politique et sociale* » (sic), composée de candidats de droite, de gauche, du centre et d'apolitiques ?

Nous voilà face à nos responsabilités, au su et au vu de tous, avertis par le navrant spectacle de nos voisins italiens, hongrois ou autrichiens, si ce n'est britanniques.

En ces moments, historiques et cruciaux, si, par arrivisme et manque d'abnégation, nous nous dérobons, dans les mois qui viennent, à pondre tous ensemble un projet sociétal commun, il en sortira sans doute un gouvernement populiste, ravi, mais vainqueur éphémère qui, condamné à l'échec, devra rendre compte à la Nation de l'avoir privée de sa seule et ultime chance de rédemption, pourtant à sa portée, et précipitée dans la tourmente.

Il nous suffit pourtant, il vous suffit pourtant, Gens de Gouvernement de tous bords, de vous unir et vous coaliser, au service de ce seul objectif qu'est de sortir tous ensemble du gué.

Serait-il déraisonnable, Mesdames et Messieurs les politiciens, pour redresser durablement notre pays, de mettre chacun pour un temps votre mouchoir sur votre ambition personnelle, en façonnant et soutenant ensemble, avec 50 millions d'amis, un même unique projet de société ?

Oserez-vous participer à l'exercice, vous, personnalités de bonne foi, qui défendez légitimement des idéologies alternatives que vous savez pourtant, à ce stade, peu susceptibles de résister à l'exercice d'un pouvoir qui ne vous est guère promis, ou qui, à peine conquis, serait déjà menacé par les réalités de l'exercice du pouvoir ?

Vous, Clémentine Autain ou autre dérangeant, certes talentueux Jean-Luc Mélenchon, dont les discours de rupture, souvent provocateurs, mais parfois, lorsqu'ils ne se *robespierrisent* pas versus haine et violence, frappés au coin d'un véritable humanisme, pourriez-vous, quitte à bousculer un peu l'intangible politiquement correct, concourir avec tous les français, y compris avec vos adversaires politiques, à pondre un projet tranquillement révolutionnaire, au sens noble du terme.

Et vous, Marine le Pen ou autre Marion Maréchal, porteuse de millions d'électeurs, viendriez-vous apporter une pierre à l'édifice, en y instillant, vous aussi, une dose d'audace, mais aussi de pragmatisme et volonté d'aboutir tous ensemble ?

Un seul engagement de la part des joueurs : il s'agit là d'une compétition exclusivement pour inventer, progresser et construire.

Seul est bienvenu le talent de nos maçons et de nos charpentiers, qui assembleront, pour ensemble construire l'édifice, les matériaux, que sont les pierres, issues de toutes les carrières du pays, et les poutres, prélevées dans toutes nos forêts parmi les innombrables essences qui les composent, et qui font leur richesse.

Doivent être exclus d'une quelconque participation les critiqueurs professionnels, les aigris, les agressifs, les mesquins, les méchants, les dogmatiques, les arrogants, les insurrectionnels, bref, tous les fouteurs de merde.

Que risque-t-on puisque, de toute façon, on ne nous propose aucune consistante alternative, ni ne nous promet aucun espoir sérieux ?

Au moment où nous écrivions ces lignes, était rendue publique, ce dimanche soir 13 janvier 2019, la lettre au français d'Emmanuel Macron.

La réaction de nos auto décrétées élites politiques fût, dans l'instant, exactement ce que nous fustigeons.

A chaud, sans aucune réflexion, sur toutes les chaines d'infos, les opposants au camp du Président, et même substantielle partie des chroniqueurs, outre certains auto décrétés représentants de jaunes gilets, n'y trouvaient, à l'unisson, que critiques, avant même de l'avoir lue ou tout au moins un tant soit peu analysée, et objectivement jaugée.

En réalité, quoi qu'il eût été écrit dans cette lettre, ceux qui s'était placés dans autre camp que celui du Président, et de son grand débat, avaient déjà décidé par avance qu'ils seraient contre, même si toutes leurs revendications y étaient exaucées.

Le fonds de la lettre, bon ou mauvais, n'intéressait en fait personne : les pro-débat y trouvaient avancées et les anti-débat y voyaient manipulation, inavouables desseins et, en tous cas, échec programmé, avant même de connaître le contenu du message.

Cinq jours plus tard, le 18 janvier 2019, après une, il faut quand même l'admettre, quelque soit l'opinion qu'on nourrit à l'égard du Président en place, performance de six heures quarante d'attention et réponses aux questions d'un panel de Maires réunis à Souillac, quelle fût la première et unique réaction de certains commentateurs ?

Pas un mot sur le fond de ce que ce Président venait d'exposer ou répondre, sur le contenu, bon ou mauvais, de ses propos au regard des vraies questions posées par nos légitimes édiles.

Rien, juste une immédiate et unique critique de la forme du débat, une immédiate accusation, sans crédit d'aucune présomption d'innocence, de propos de campagne électorale ou d'exercice facile de pure *com* politique.

Bref, une fois de plus, le téléspectateur ne saura finalement pas ce que pensent nos politologues du réel contenu des six heures quarante de débat.

Merci, merci beaucoup, de la part de mes 50 meilleurs amis, à ces personnages politiques là et à leurs chroniqueurs, de leur précieux apport, ce soir-là, pour faire avancer le dossier *France en émoi*, merci pour leur précieuse et pointue analyse sur tous ces sujets techniques évoqués au cours du débat, merci de leur contribution, oh combien constructive, pour élaborer une issue aux jaunes soucis.

C'est tout ce que ces quelques lignes veulent anéantir : la critique par principe, parce que ce n'est pas notre camp, l'opposition par principe, et non par conviction, la seule vision de la forme, sans aborder le fond.

Il ne s'agit pas ici de défendre tel camp ou tel élu ou Président en place, mais d'avoir un tant soit peu de liberté de pensée et d'honnêteté intellectuelle car, si par essence on est contre tout ce que propose son adversaire, on réduit à l'abscons et à l'imbécilité la raison d'être du débat politique.

Merde ! Ce n'est pas parce qu'il n'est pas de mon petit cercle d'influence politique, que tout ce que dit mon interlocuteur est par principe à rejeter, ou alors on ne peut cohabiter avec personne.

Ce lamentable spectacle, ce soir-là, m'a convaincu un peu plus à faire courir ma plume pour fustiger ce partisanisme infantile et médiocre.

Cela nous intéresse-t-il vraiment, en réalité, d'écouter cette communauté de responsables politiques, dès lors qu'on sait que par définition ils ne vont pas dire ce qu'ils pensent, pensent-ils d'ailleurs à quelque chose d'autre qu'à servir leur ambition individuelle et/ou partisane ?

C'est juste aussi nul que désespérant, si ce n'est exaspérant, et, *in fine*, suicidaire pour la Nation.

La théorie répandue, qui érige comme indispensable à la démocratie la nécessaire opposition par principe, nous a toujours laissée pantois.

Selon une doctrine hallucinante, il faudrait ainsi toujours un camp d'opposition car, par partisanisme, il sera toujours contre ce que son adversaire sur l'échiquier proposera, et ce serait sain, voire indispensable à une démocratie respirante.

Est-ce cela la bonne foi, est-ce cela l'intelligence humaine du vingt et unième siècle, est-ce cela la construction d'une société mature, conciliée et moderne ?

Mesdames et Messieurs les éternels acteurs de ce système infantile, qui pépient en permanence vos éculées partitions perso, aux dépends de l'intérêt général et du progressisme de bonne foi, à continuer, malgré les jaunes messages, ce petit jeu d'écolier, vous me faites juste honte !!!

Chapitre I
Le constat

Suspendue à une fragile branche d'arbre, à l'aplomb d'un profond précipice, au lieu de s'abstenir de tout geste inutile, concentrée à inventer la clef de son sauvetage, une bande d'individus censés mener la troupe, ignore l'évidence du danger qui menace toute la bande.

Irresponsables du devenir des enfants qu'ils ont sous leur garde, ils gaspillent ces instants cruciaux à gesticuler, au risque de précipiter l'équipage dans le vide, se querellant autour de futilités, dans le seul dessein de se faire investir capitaine du navire naufragé.

Ils réfutent par avance toute idée de plan de survie, dès lors qu'il n'est pas proposé par un membre de leur bande éphémère.

C'est le spectacle irréaliste auquel, mes chers 50 millions d'amis, nous assistons, incrédules et impuissants, en ce début 2019.

Témoins de la faillite d'un système à bout de souffle, à la veille d'un tsunami financier et social menaçant notre démocratie, Ils pépient et éructent, de plateaux télévisés en buzz radiophoniques, réfutant l'idée même de mettre en veille leurs oppositions partisanes, vantant leurs élixirs de charlatan et leurs potions magiques, promettant de construire de coûteux silos, quand les prochaines récoltes sont déjà gagées au service de la dette, qui enfle dans l'indifférence générale.

Au souvenir des de Gaulle, des Pinay, des Marshall, des Reagan, des Churchill, et même des Sarkozy, en 2008, qui ont eu le courage en leur temps de réagir à des situations exceptionnelles par des plans exceptionnels, certes bien imparfaits, voire impopulaires, mais sauvant du péril leurs nations, on pourrait espérer qu'en ces temps périlleux, éclose de nos élites un plan de salut public, audacieux, ambitieux, nous donnant, catalysés par l'espoir, les forces de façonner un nouveau terrain de jeu.

Rien, désespérément rien.

Il faudra bien, pourtant, qu'il se révèle ou surgisse un jour, comme à chaque siècle, souvent à la porte du précipice, notre Homme d'Etat, et tant mieux si c'est *un Femme* d'Etat ou *une Homme* d'Etat.

Car il faut bien l'admettre, les ébauches de programmes éculés de tous ces nains d'Etat sont, à ce stade, sclérosées par les incessantes campagnes électorales, les irréalistes promesses démagogiques, les sirènes populistes et les alliances incestueuses, qui s'imposent à qui veut avoir quelque chance de goûter à l'éphémère graal de ces victoires qui, irrémédiablement, virent au cauchemar l'année suivant chaque élection.

Peu importe pour quoi faire du pouvoir, l'essentiel est de l'atteindre, but unique poursuivi

C'est l'asepsie la plus totale des vagues projets phagocytés au parfum démago, insensés de rasage gratuit à la crème populiste, gorgés de leurs contradictions, épicés à la poudre de perlimpinpin de grossières *fack-news,* et indifférents à toute réelle ambition de réellement les mettre en œuvre, une fois parvenu au pouvoir.

La moindre initiative d'un camp est torpillée par les camps opposés, laminée à l'encan du censeur médiatique, suprême donneur de leçons qui rêve de commenter, au risque de les susciter ou attiser, révolutions, tragédies et malheurs.

Ce piteux scénario, indifférent à l'obédience politique aux commandes, condamne, face aux glaives populistes qui l'encercle, tout dirigeant, quelle que soit sa couleur, à surfer sur un système démocratico-médiatique vantant des recettes aussi alléchantes qu'illusoires, éculées et médiocres, soucieuses de satisfaire le palais de chaque minorité, fût-ce au détriment de la majorité.

Si nous excluons les enfants et les sous chefaillons de l'appareil politico-mediatico-partisan et leur micro-armée de militants, nous devons, en France, être environ 50 millions d'amis, chaque jour convoqués, tels des bambins, au piteux spectacle de la guerre des boutons des Chefaillons, séquestrés au théâtre des guignols.

On nous y attend pour nous gaver en boucle de celles des décrétées nouvelles du jour, choisies parmi le médiocre panel proposé, et censées alimenter les prochaines heures du buzz de l'info en continu.

De Clearstream à Madame Bettencourt, de Monsieur Strauss-Kahn à Monsieur Tron, du scooter présidentiel aux passeports de Benalla, des gilets jaunes aux rouges bonnets, du *Karcher* aux *Pains au chocolat*, du *Travailles et tu te payeras un costard,* à l'outrage d'avoir prononcé le mot *Race*, de la neige qui, l'hiver venu, ose entraver nos déplacements, au soleil qui, au cœur de l'été, devient caniculaire ; du classement des salaires des cadres à celui des hôpitaux... !

Car tous ces *scoops* essentiels sont les sujets exclusifs des quotidiens débats en boucle, consacrés à gloser sur le sens caché ou suggéré d'un malencontreux mot sorti de son contexte, fatale expression *mal pensante* qu'on analysera parfois trois jours durant, avant que je sujet ne soit classé, sans transition et sans suite, pour commenter la *news* suivante.

Plus excitant encore, les gazettes se régalent, tout en haut de leur *Une,* du démontage en règle, par les Chefaillons de l'école des Donald, d'une vague idée de réforme esquissée par un *intello* en chef de l'école des Mickey, avant que le prédicateur des Donald ne réalise, piteux, qu'il avait pourtant lui-même applaudi à la même idée la veille, la croyant, par erreur, émaner d'un de ses copains de classe.

On nous y attend pour assister aux audiences du grand Tribunal populaire des sondages, qui, détournés de leur intéressante finalité, sont la plupart du temps dénaturés ou sortis de leur contexte, au service de réquisitoires médiatiques, véritables fatwas quotidiennes, contre un individu, un parti *mal pensant*, une profession, un corps social, avant de s'en prendre à un autre ennemi, les innocentes victimes du sujet précédent alors laissées pour mortes dans la fosse commune du déchet médiatique ou estropiées à vie.

On s'occupe de vous mon bon peuple. Marchez droit sans regarder autour, c'est tout ce qu'on vous demande

On nous gratifie de l'exercice du nécessaire effort de « *pédagogie* » à l'égard du niais citoyen que nous sommes, comme le prônent, sans peur du ridicule, des Chefs ou Cheftaines d'école, personnages politiques ou sachants animateurs ou décrypteurs des mots, si ce n'est des maux, pérorant sur les plateaux télévisés, drapés dans leur certitude d'être titulaires et gardiens du savoir.

Comment, depuis les dorés bureaux de la rue de Grenelle, où chaque matin chauffeur les mènent, ces technocrates citoyens peuvent-ils être aveugles au spectacle de la guillotine qui s'affaire à la coupe en règle des automobilistes et de leurs points de permis, qui sautent au même rythme que les taxes augmentent, le plus souvent pour un ou deux kilomètre / heure, qualifiant le contrevenant de ces manquements majeurs de Délinquant routier comme un vulgaire malfrat ?

Comment peut-on être aussi loin du peuple, pour ne pas sentir sa frustration et son exaspération monter, à toujours plus d'interdits, toujours plus de punitions, pour ne pas percevoir que la potion concoctée depuis les bureaux de Matignon des 80 km/h, fusse-t-elle ou non défendable statistiquement, était en pratique totalement indigeste, et ajoutait la goutte qui manquait au vase de l'exaspération pour le faire déborder ?

Les citoyens ont un besoin vital de liberté, et il s'agit de trouver le juste chemin entre sécurité et société aseptisée, apanage des modèles collectifs liberticides où on se déplace en toute sécurité mais en troupeaux de moutons rendus hagards.

Ici, on préfère brider et brimer les conducteurs chevronnés, plutôt que former ceux qui sont à peine éligibles à s'aventurer sur nos routes, faute de leur avoir réellement appris à conduire.

Il faut aussi, et là, il y encore plus urgence, que les Personnes publiques cessent de prétendre avec arrogance tout savoir de la manière dont le citoyen doit se comporter dans son plus petit quotidien, en lui dictant d'en haut ce qui est bien pour lui, minute après minute, en bas.

La nouvelle mode médiatique de la téléréalité politique de l'instant a-t-elle exclusivement vocation à organiser des

rings de critique par principe de son adversaire, sans jamais proposer d'alternative, ou à nous faire gober les grossiers raccourcis de reportages avides de présenter de manière sensationnelle, si possible dramatique, l'événement ?

Il nous faut déglutir sans renvoi l'explication de texte des leçons politiques, dont la trame entêtante est toujours limitée à la critique, par un politologue avisé, d'un autre Professeur de pacotille, d'une autre Ecole de *non-pensée*.

Cette condescendante pédagogie s'entend surtout sans jamais proposer une quelconque idée forte, pragmatique, consensuelle, une piste *politique* a partisane, sans autre arrière pensée que celle de débloquer notre *schmilblick*.

On nous menace du coin si on n'applaudit pas à la pensée unique du jour.

Il ne fait pas bon bosser non plus, ça n'intéresse personne, <u>ce pourrait même être suspect</u>

On nous afflige du bonnet d'âne si, après avoir bossé des années 60 heures par semaine, acquittant scrupuleusement sa lourde dîme au grand argentier Etat, par malheur, il vous en reste quelque fruit.

Quant aux millions de petits entrepreneurs, d'agriculteurs, de commerçants, de pigistes, d'artisans, de professions libérales, de marins pêcheurs, forcenés du labeur quotidien, sans « *cong-pay* », ni weekends, ni 35 heures, ni RTT, le plus souvent sans indemnités journalières en cas de maladie, sans indemnités de chômage non plus, ils sont exclus par nos politiques, nos syndicalistes et nos commentateurs, du monde des « *travailleurs* ».

Assommés de charges et d'impôts, premiers employeurs de France, ils sont totalement ignorés du paysage médiatique, car dans notre Société, qui n'est pas salarié n'est pas « *travailleur* ».

Qui, pourtant, à cinq heures du matin, dresse son étal sur les marchés de nos villes et villages ; qui, à l'aube, mène au champ les vaches tout juste traites ; qui, aux aurores, pétrit le pain du matin; qui, alors que la cité s'éveille, met au monde un nourrisson; qui, à l'heure du laitier, rentre d'une nuit d'urgences au bloc ; qui, à minuit, un dimanche, moissonne avant la pluie ; qui, à la même heure, prépare l'Audience du lendemain; qui, au milieu de la nuit, part au secours d'un patient au fonds de la campagne ; qui, après des heures d'attente et d'ennui dans son taxi dans les sous-sol de l'aérogare, accueille à Roissy le voyageur après une nuit de vol ?

Qui, parmi ces silencieuses pièces maîtresses de notre tissu social, ne ressent pas durement son exclusion d'un système devenu pour elles étranger, qui flatte la geinte et la quémande, à mille lieux de leurs galères et angoisses quotidiennes ?

Qui, parmi ces courageux navigateurs solitaires, ne ressent pas cette frustration angoissante d'une immense injustice, au spectacle de son commerce, de son café, de sa pharmacie, de sa boulangerie, voire de sa grange, dévastés et encore fumant des cendres de ce qui en reste, au petit matin nauséabond du bout d'une nuit de festoiements ultra-violents, devenus, d'acte I en Actes N, hebdomadaires, menés par quelques marginaux bien loin des légitimes gilets jaunes, excités par l'odeur de la poudre, la perspective du butin des pillages et l'adrénaline du lynchage en meute?

Et tout ce petit monde de parasites, racailles opportunistes, d'être aiguillonné lâchement par quelques leaders populistes avides de leur seule ambition personnelle de petit guignol éphémère, réfutant officiellement la violence, mais la justifiant face à cet Etat qui serait simplement fasciste et lui-même ultra-violent.

Le mythe d'une seule vérité : la sienne

Ces Chefaillons, leurs pions et autres militants, se sont persuadés être les instituteurs d'une Nation que, naïvement, ils imaginent scindée en deux camps bien distincts.

Il y aurait leur camp, fait de gentils français, et puis un autre, celui de millions d'autres français, adversaires honnis, par essence malhonnêtes et méchants qui, s'ils venaient au pouvoir, ou venaient à s'y maintenir, n'auraient pour seule motivation que de génocider ceux du camp adverse.

Hors de question d'admettre que, sauf ceux constituant, à grand renfort de populisme et de clientélisme, leurs maigres troupes de militants asservis, la plupart des français aspirent au même souhait, celui de vivre ensemble un monde équilibré, fait du respect d'autrui et d'un juste partage, certes des fruits, mais aussi du labeur, sans dogme réducteur autre qu'un même humanisme.

Ce serait condamner leur raison d'être, qui n'est justement que de démontrer combien une partie du pays est vilaine et l'autre gentille, voire combien leur petite minorité détient la Vérité d'un néo modèle de société, généralement à l'état aussi irréaliste qu'embryonnaire, mais qu'il s'agit d'imposer à tous, un système qui préserve et justifie le quotidien de ces bateleurs politiciens populistes, un système consacré à organiser chaque jour des joutes contre l'opposant politique, et plus généralement contre tout pouvoir en place, pour le spectacle du bon peuple.

Une triste cour de récréation

Et si, une seconde, télécommande en main, on lançait un replay, priant ces auto décrétés sachants de ce qui est bien pour nous, de bien vouloir revisionner, avec un brin de recul, leur prestation d'acteurs de seconde zone dans cette pièce de boulevard dramatico-comique ?

Franchement, soit ils auraient honte à la vue de leur propre spectacle, soit ils prendraient un fou rire en se découvrant ainsi, si ridicules dans leur rôle décalé et mal joué d'enfants de classe maternelle.

Bien plus, ces aboyeurs médiatiques, sciant leur propre branche, ne perçoivent même pas qu'en vulgarisant et

« *peopolisant* » leur caste, en s'adressant avec une familiarité de plus en plus grossière aux plus hauts personnages de l'Etat, c'est la démocratie tout entière qu'ils menacent d'irrespect.

Quand, à longueur de discours et de gazettes, nos femmes et hommes d'Etat et autres chroniqueurs interpellent nos édiles par des « Hollande », « Sarko », « Macron », « Chirac » ……, généralement affublés de quelques vulgaires, si ce n'est triviaux, adjectifs, peut-on ensuite s'étonner que nos enfants ne sachent plus dire « Monsieur » ou « Madame » et qu'ils n'aient plus la moindre idée de ce que signifie le mot respect.

Quand on s'embarque à proférer des propos aussi irrespectueux, ou à tolérer pareilles vulgarités de bas étage à l'encontre d'un chef d'Etat en fonction, quelle que soit la couleur de sa classe, on ne peut sérieusement plus prétendre à la moindre crédibilité pour aspirer aux affaires de l'Etat.

Et que dire de cette marionnette du Président Macron, décapitée en place publique dans un macabre simulacre, ensanglantée au certes inoffensif ketchup, mais néanmoins inspiré des terrifiantes exécutions de Daesh ?

De tels égarements immatures de pauvres hères, dépassés par l'ambiance des carrefours, coûtent terriblement cher à la démocratie et à la dignité de nos institutions.

On peut ne pas aimer le titulaire du poste, avoir de bonnes ou mauvaises raisons pour cela, on ne peut, pour autant, par de telles indécentes mises en scène, ou autres propos haineux et imbéciles, cracher sur la constitution de notre pays et sur l'Institution d'un Chef de l'Etat démocratiquement élu.

Le cloche merle médiatique

Les gazettes et les sites d'info nous abreuvent en boucle des *Affaires,* dont les forcement présumés coupables sont, sur le champ, médiatiquement punis, ces *Affaires,* bien souvent rangées, l'orage médiatique passé, sans le moindre jugement, au fond des oubliettes du parquet Financier, dans l'indifférence générale.

Certes, pendant ce temps, l'Europe joue sa survie économique ; certes de « bonnes » volontés tentent de forcer la main à de nouvelles négociations de paix à l'éternel et meurtrier conflit israélo-palestinien ; certes Marie Dedieu, cette femme de grand courage, victime d'actes odieux et lâches, trépasse au fond de sa geôle ; certes l'Iran est sur le point de relancer son programme nucléaire, quand la Corée du Nord pérore avec ses propres pétards atomiques ; certes on déplore des centaines de milliers de morts dans le conflit syrien ; certes, le Yemen vit un cauchemar humanitaire, en proie à la plus inacceptable famine depuis des décennies - c'est où, à propos, ce Yemen où les enfants meurent de faim par centaines, voire milliers? ; certes, fleurons français, l'hôpital Foch réalise avec succès, prouesse chirurgicale française, une à deux greffes de poumon chaque semaine, quand celui de Marie Lannelongue en fait de même avec des cœurs ; certes un Français s'évertue, fou insensé, à redorer l'éclat de notre pays, en décrochant un Nobel ; certes, la fameuse dette souveraine de la France s'aggrave chaque mois de quelques milliards d'euros ; certes quelques milliers de morts de plus sont déplorés dans une nième révolution tribale de pays africain ; certes un milliard d'êtres humains sont victimes de vraie mal nutrition, pire que celle des français qui ont faim ; certes, les médias ont bien jugé gravissime l'arraisonnement de trois vedettes ukrainiennes par Moscou et alerté, dans l'instant, à la guerre mondiale imminente, mais l'arraisonnement de quelques ronds-points par quelques centaines de gilets jaunes, certes à la cause légitime a, dans l'instant, éclipsé cette *info*, pourtant donnée brulante et gravissime quelques minutes plus tôt, cette *info* qui, sans doute, n'était finalement pas si grave - ils en sont où d'ailleurs, de ces vedettes et de cette guerre mondiale si imminente?

Certes, le système commercial et économique mondial est en proie à sa plus grande menace depuis les temps modernes et l'Europe joue sa propre survie dans la réorganisation du puzzle des nations, certes les britanniques n'en finissent pas de s'enfoncer dans les querelles de sortie du BREXIT, menaçant le fragile édifice européen ; certes Theresa May, par une résistance qui interpelle, surmonte une fois de plus le rejet par ses parlementaires du projet de sortie de l'UE, en conservant, malgré tout, à une poignée de voix près, la barre à moitié désaxée du Navire anglais, qui dérive dans les flots agités de la Manche.

Pourtant, nos gazettes et nos sites, indifférents à tous ces sujets déclassés, consacrent depuis des semaines l'intégralité de leurs infos, de leurs éditoriaux, de leurs débats, au seul théâtre jaune, et au rêve médiatique qu'il dégénère en quelque insurrection, peu important que, ce faisant, ils dénaturent injustement un mouvement exprimant une réelle frustration et traduisant une légitime exaspération, l'essentiel de ces gilets jaunes hurlant, à juste titre, leur revendication de pouvoir dignement vivre de leur travail, sans velléité insurrectionnelle ou autre opération coup de poing anti-tout.

Et dans les songes les plus fous de ces accro à l'adrénaline du commentateur d'émeutes, un des porte-étendards populistes brandirait la bannière de la révolution et entraînerait les plus fragiles de cette foule, pourtant, pour l'essentiel, faite de gens de bonne foi, telle une horde de chiens en fin de chasse à courre, enlever dans l'ambiance enivrante des foules manipulées, devenues irresponsables, cruelles et incontrôlables, les grilles des Tuileries ou autres bastions iconiques, en direct sur les petits écrans, sans même se poser la question du sens à tout cela et des malheurs que cela porte en germe pour leurs propres enfants.

Cela étant, sans indulgence à l'égard des casseurs et autres agitateurs, profitons de l'aubaine de l'expression, aussi justifiée que saine, et finalement bienvenue, de cette exaspération jaune, partagée par la majorité des 50 millions d'amis, pour remettre tout à plat entre gens de bonne foi.

Dans quel état le système nous a mis !

Car ce n'est pas la maigre recette du spectacle de ce théâtre politico-médiatique qui remboursera les dettes, faites sur notre dos, avec notre chéquier, en vidant nos comptes, en hypothéquant l'avenir de nos enfants, en dépensant avant d'engranger, en camouflant les brèches par des rustines collées pas sèches, achetées à prix d'or, menaçant le système tout entier de l'invasion des flots.

Mille sabords ! C'est notre Etat à nous qui a été mis dans cet état et vous n'avez pas honte de venir faire vos danses du ventre pour qu'on vous élise à nouveau, en nous endormant pendant des mois autour de petites querelles mesquines, à un milliard d'années lumières des dangers monstrueux qui nous guettent ?

Etes-vous donc incapables d'aborder la vérité en face, de faire amende honorable, d'arrêter de vous complaire dans la critique de votre voisin, de votre prédécesseur, de votre successeur, et de vous mettre au boulot ensemble, pour enfin construire un scénario pour le pays, consistant et crédible !

Pardon de déranger, mais si vous voulez continuer à jouer, mal d'ailleurs, à la maîtresse d'école, au jeu du « *même pas mal* », ou à celui de « *celui qui l'a dit c'est lui qui l'est* », nous et nos 50 millions d'amis, nous n'avons plus ni l'envie, ni le temps d'y jouer, et encore moins les moyens pour cela.

Alors, nous vous le disons tout net, arrêtez de jouer avec notre argent et nos affaires, et restez dans votre coin pendant qu'on essaye de recruter des professionnels du job, et non des comédiens, fussent-ils talentueux.

Parce que ce grand bazar n'est pas un théâtre de quartier, mais le système politico médiatique français.

Parce que la France appartient à nos 50 millions d'amis, et non aux seuls auto-décrétés détenteurs de la culture d'Etat, surfant sur le dernier ragot démagogique, apprentis sorciers du *jamais pour, toujours contre*, pas plus qu'à ces aboyeurs hypocritement camouflés sous la bannière de vrais gilets jaunes, dont ils se gaussent à peine leur dos tourné, faisant la liste des courses du père Noel, sans se soucier du fait qu'ils ne payent bien souvent pas eux même le premier sous d'impôts pour se les offrir.

Parce que les caisses de l'Etat qui se vident, c'est de notre argent qu'elles fuient.

Parce que ceux qui, demain, devront tenter de rembourser vos dettes, sont les enfants des 50 millions d'amis.

Parce que les producteurs et les animateurs de ce navrant navet n'en ont rien à faire, pourvu qu'au Ministère, ou au faîte de la gloire de L'Evénement du jour, ils puissent se maintenir le plus longtemps possible.

Il n'est plus temps de se contenter d'incanter, ou d'opiner bêtement à la rébellion colérique des classes moyennes, légitime, mais sans réel chemin de sortie à ce stade

D'aucuns, dans l'air du temps de la pensée convenue, agiteront, drapés dans de louables intentions, se revendiquant de leurs exploits anciens, de faits de résistance, en d'autres circonstances, de qualités de prétoire ou de diplômes obtenus des plus prestigieux Etablissements, les grelots de l'Indignation, se plaignant de tout, pointant du doigt tout ce qui va mal, fustigeant les errements du passé dont ils sont pourtant ni plus ni moins complices que nous tous, faute d'avoir eux-mêmes pris les manettes pour gouverner autrement.

C'est assurément très sympathique, ce n'est pas contrariant, c'est bien sûr sans aucun risque, que de flatter les déceptions et autres frustrations, jalousies et bien réelles angoisses des gens qu'on interpelle, de leur dire qu'on les comprend, qu'il faut qu'ils s'indignent, qu'ils refusent de subir.

Mais, sauf à enfoncer les portes ouvertes, au mieux l'indignation, **faute de la moindre piste de solution proposée par le prédicateur**, reste lettre morte, au pire elle est perçue comme une incitation à la révolte.

Et là, c'est juste irresponsable car, comme toutes les révolutions du monde depuis des millénaires, c'est aussi attiser ce qu'il y a de plus mauvais chez l'homme : son atavisme somnolant à faire couler le sang, à se complaire dans la lâcheté du crime anonyme des foules incontrôlables, excitées par quelques irresponsables avides de pouvoir et adeptes du lynchage populaire.

Et nous y sommes, mes 50 millions d'amis, car, profitant du réel désarroi d'une population jaune qui ne peut plus boucler ses fins de mois, qui est exaspérée par tant de mépris des pouvoirs centraux, par la multiplicité des taxes, par les points de permis qui s'envolent, par la tyrannie des 80 km/h, par un ressenti de pigeons, quelques professionnels du chaos instillent le poison de l'insurrection.

On sait pourtant, pour l'avoir mille fois vécu dans notre histoire, combien ces emportements, qui n'ont rien à envier aux méthodes des buchers du moyen âge, font le malheur, et, *in fine*, appauvrissent encore un peu plus les plus faibles, ceux-là même que, justement, on a manipulés pour monter en première ligne au front, pauvres fantassins transformés en chair à canons insurrectionnels.

Il nous faut réagir, il nous faut se parler, il nous faut revoir le modèle de notre gouvernance politique, dépassé par l'avènement des réseaux sociaux et le besoin entêtant de la satisfaction de l'instant. Il nous faut une démocratie repensée et non une *démoctature*.

Un journalisme gardien de la démocratie

Encore faut-il d'ailleurs que cette démocratie réinventée soit associée à une presse respectueuse et respectée, érudite, intelligente, indépendante et vigilante, une presse qui expulse de ses équipes tout cheval de Troyes qui se parerait de ses habits pour afficher un journalisme qui deviendrait lui-même un dictateur sans tête, grevant toute faculté de gouverner des élus légitimes.

Ce n'est pas le Journaliste qui est ici en cause, car celui-là est notre garde fou, notre source de culture, notre ouverture aux autres.

Ces Journalistes là sont tous ceux qui s'efforcent de casser la coquille de la pensée unique et de la langue de bois, qui cherchent à faire progresser notre culture, qui osent parfois fâcher leurs auditeurs ou contrer la *bien-pensance*, le dogme du zéro risque ou le principe de précaution, qui a bon dos pour ne rien entreprendre.

Ce sont les Yves Calvi, les Caroline Roux, les Bruce Toussaint, les Anna Cabana, les Sonia Mabrouk, ou encore les Elisabeth Levy, les Namias père et fils, pour n'en citer qu'une poignée, dont nous saluons ici le courage de questionner au fond, de répliquer de bonne foi, sans langue de bois, de dire ce qu'ils pensent, c'est-à-dire ce que la majorité silencieuse n'ose même plus exprimer, dans notre nouvelle démocratie frappée au coin du lynchage médiatique au service de l'hypocrite bien pensance, bref de faire l'effort de résistance et de recherche de l'info vraie, propre au journalisme de valeur.

Nous pensons aussi, quand ils veulent bien ne pas sombrer dans l'information partialisée au seul service de leur conviction, quitte à omettre de poser l'antithèse, aux Jean-François Kahn, aux Laurent Joffrin, aux Philippe Tesson, aux Natacha Polony et autres Eric Zemmour.

Nous pensons aussi, surtout, d'ailleurs, à tous ces journalistes, provinciaux ou parisiens, qui travaillent quotidiennement dans l'ombre, avec rigueur, leurs enquêtes, leurs piges ou leurs chroniques, le plus souvent contre bien modeste rétribution, avec intégrité morale et souci de produire le reportage de la réalité des faits, et non le roman de l'événementiel et du scoop *fake-newsé,* dont certes le lecteur, humainement sensible à un zest de voyeurisme et de morbidité, que nous sommes tous un peu, est hypocritement gourmand.

Tous ces Journalistes-là travaillent, découvrent, analysent, rentrent à fond dans leurs sujets, souvent vont au-delà, parfois au prix de leur personne, creusant pour nous le sillon où ils ensemencent les graines de notre culture.

Bref, ceux-là font le Journalisme dont on a tant besoin.

Mais les quelques médias ou chroniqueurs qui menacent le système, et le métier de Journaliste avec, sont ceux, habitués des plateaux de la grand-messe en boucle, qui se parent de l'habit de gens de presse pour étaler l'info facile sur les grandes tartines des ragots de cloche merle et de l'évènementiel, dont la soif populaire n'est jamais rassasiée.

Leur délivrable, qui n'a du journalisme que la prétention de s'en réclamer, est aussi insipide qu'insidieux et partial, sculpté sur une motte de matériau fait de lynchage partisan des cibles de l'instant, livrées au tribunal de la manipulable et versatile opinion publique, sacrifiées à l'hôtel du Dieu de l'hypocrite bien pensance.

Leurs chroniques sont nourries, quand ce n'est pas d'un bruit de latrines, du servile plagia des dépêches AFP, qu'ils rapportent sans la moindre plus-value, voire qu'ils habillent pour suggérer ce qui eût pu faire l'évènementiel ou mieux, ce qui pourrait dégénérer.

Leur credo est de toujours voler au secours de l'opinion publique de l'instant, piquant la meute qu'on flatte, aux places d'orchestre de la criée, au service des hussards populistes, chevaliers de la croisade de la bonne cause, du décrété gentil, sans l'ombre d'un effort pour se forcer à quelque résistance, à faire la part des choses, à donner chance au gibier du jour, ni à élever le débat, ou relativiser la bourde commentée, plutôt qu'en faire la Une de l'édition du jour, médiocre mais dans l'instant vendeuse.

L'establishment politique et les médias, qui portent nos élus au pouvoir aussi vite qu'ils les en détrônent, ne devraient pas, par faiblesse, par complaisance, ou pour parvenir à leurs fins, détourner ou paralyser le système par un excès de cette *médiocratie* qu'est le démocratisme angélique justifiant toutes les causes, poison d'une nouvelle dictature, insidieuse et sans chef.

Il en est ainsi, par exemple, lorsqu'ils arguent, pour se rendre sympathique, pour booster l'audimat, ou par corporatisme, de la suprématie de l'expression démocratique comme justifiant de satisfaire dans l'instant tous les caprices, de toutes les minorités, suscités par la compétition électoraliste arbitrée par une société d'enfants gâtés.

En la déclinant en produits dérivés attrape-nigauds, telle la démocratie *participative, libérale,* ou encore *populaire,* quand ce n'est pas *chrétienne* ou *sociale,* on finit par suggérer que la **Démocratie** tout court est déjà obsolète.

La démocratie est en péril lorsque la légitimité du suffrage populaire, issu des urnes, est supplantée par celle, versatile et non représentative, de la contestation manipulée de la rue, expression dangereuse de nos démocraties requalifiées.

A chaque Période cruciale pour le Pays, se révèle ou surgit un Personnage d'Etat

N'y en aurait-il pas un seul qui, pour de vrai, avec un tant soit peu de l'objectivité et de l'abnégation attendus de la Femme ou de l'Homme d'Etat, soudain s'intéresserait en vrai au sort et à l'avenir des 50 millions d'amis, qui s'en moquent des joutes médiatisées ?

C'est l'appel suppliant à celle ou celui-là que veulent hurler ces quelques lignes !

Ce Personnage d'Etat, Cette Homme d'Etat là, *Ce Femme* d'Etat là, qu'il soit le Président en place, il est légitimement là pour ce job, ou, s'il ne peut y parvenir, son successeur, dépasserait l'obsession futile de détenir le pouvoir comme une fin en soi, dans les deux sens de la consonance du terme d'ailleurs, pour se fixer sur l'objectif de refonder notre obsolète modèle de Société, par une reconstruction novatrice d'un pacte social moderne, où chacun trouverait équitablement son compte et contribuerait, à son échelle, à la vie de la communauté.

Ce Personnage d'Etat-là aura la hauteur de vue suffisante pour ne pas, l'œil collé au premier avatar, perdre l'appréciation de la globalité du modèle.

Ce Personnage-là développera le programme d'une Société à la démocratie aérée, refondée autour d'un modèle au goût du vingt et unième siècle, axé sur quelques pivots essentiels, que nous nous aventurerons à évoquer un peu plus loin, un modèle qui donnera envie aux gens.

Ce sera un projet intransigeant quant à la recherche d'approcher l'égalité sur la ligne de départ, laquelle diffère nettement de l'égalité illusoire sur celle d'arrivée.

Il s'agira d'un modèle, allégé d'une partie du fardeau aliénant de la dette souveraine, où la collectivité, par la main de l'Etat qui en est l'expression, vient avec bienveillance et équité au secours des accidentés de la vie, d'un modèle où les vaillants travaillent, d'un modèle où le fruit du travail permet d'en vivre dignement, d'un modèle où chacun contribue, fut ce pour l'euro symbolique, à la dépense commune.

Alors, Madame, Monsieur le Personnage d'Etat, que j'appelle ici de mes vœux, puisque, grâce à la rébellion jaune, la grande consultation du peuple est lancée, je m'essaye à vous livrer quelques iconoclastes élucubrations d'un citoyen incolore, esquissant quelques traits du modèle de Société nouvelle auquel parfois il rêve :

-   Un système démocratique aéré, reposant sur une gouvernance refondée (**chapitre II**) ;

-   Un traitement chirurgical lourd de la dette souveraine (**chapitre III**) ;

-   Un Grenelle des dépenses publiques indispensables, et de leur juste prix – Un système fiscal simplifié, et socialement équitable, qui couvre les dépenses *grenellisées* (**chapitre IV**) ;

-   Un modèle éducatif reconstruit au prisme de l'impérieuse exigence du retour vers la républicaine égalité des chances, et non au service d'une utopique égalité des résultats (**chapitre V**).

Chapitre II
Une gouvernance politique refondée :
Alléger les rouages de la démocratie

Le seul mandat consenti en pleine connaissance de cause par le citoyen est celui donné à son Maire

Notre démocratie est en danger lorsque, sous couvert d'en garantir l'usage, elle devient une caution à la démultiplication des structures de pouvoirs, des autorités qui l'exercent et des postes distribués à leurs représentants, aboutissant à la gabegie que représentent le millefeuille territorial français et les comités Théodule qui foisonnent çà et là, à des milliers d'années-lumière du citoyen qu'elles sont censées représenter.

Poussé par un démocratisme démagogique à dérive populiste, notre système s'est ainsi engagé, financé par notre portefeuille, dans une multiplication, aussi coûteuse qu'inefficace, de nos institutions et des postes de ceux qui les dirigent.

Ainsi le pouvoir s'exerce-t-il, en France, au travers de 30 000 Communes et leurs conseillers municipaux, de milliers de Communautés ou autres Agglomérations de Communes, de Grand-Périgueux et autres Grand-Tulle ou Grand-Paris et leurs conseillers de communautés, de Cantons et leurs

Conseillers généraux, de Circonscriptions et leurs députés, de régions et leurs conseillers régionaux, de Communauté européenne et ses Députés européens, de Villes à statuts dérogatoires, de Conseil Economique et Social et autres Commissions en tous genres, sans oublier les innombrables organisations publiques et autres observatoires et commissions d'*out-placement* de ceux des reclassés (ou déclassés) de l'Etat, en mal d'affectation.

Tout cela serait juste risible si le coût de ces tentaculaires organes iconoclastes n'était pas si exorbitant, aboutissant, au gré d'interminables débats au sein de leurs instances ou contre leurs tutelles, de couleur politique parfois opposée, à l'avènement de projets somptuaires aussi coûteux qu'inutiles, au détriment d'autrement plus pressants besoins en équipements et services publics, ou à l'abandon en rase campagne de chantiers entrepris à grands frais par leurs prédécesseurs.

Et chaque Institution de rivaliser pour s'installer dans le plus beau Palais, expression supérieure de sa crédibilité, érigé aux frais du contribuable, délaissant celui, trop modeste, et par essence de mauvais goût, de l'équipe précédente.

Pour notre part, nous nourrissons une affection sans faille à la seule expression réellement démocratique, qu'est celle des habitants du village ou de la cité où nous vivons.

Nos Maires sont les seuls représentants qui sont vraiment choisis, en chair et en os, par leurs administrés, à qui ils rendent quotidiennement compte.

S'ils échouent dans l'administration de leur ville ou de leur village, le suffrage les sanctionne.

Ils sont contraints à l'action quotidienne, simplement parce que s'ils faillent à cette tâche, le fonctionnement de la cité en est affecté dans l'instant, impactant aussitôt la vie quotidienne de ses habitants.

Véritables chefs de l'entreprise municipale, les maires doivent trouver les ressources pour faire fonctionner la maison et payer les jardiniers, et cela, même si l'Etat central, loin de ces petits tracas matériels des faubourgs, continue ses dépenses désordonnées, si ce n'est dispendieuses, grâce au détournement des dotations qui, jusque-là, revenaient aux communes, tout en chargeant ces dernières d'assumer de plus en de charges, autrefois assumées par ce même Etat.

Ainsi, structures d'exercice direct du pouvoir, nos Maires mènent leur politique à la censure quotidienne des réalités du terrain et ne peuvent s'abriter longtemps derrière de populistes arguties.

Partout, du plus petit hameau à la plus grande bourgade, nos maires et nos élus travaillent.

C'est l'endroit le moins sensible à la rivalité stérile des couleurs politiques, démontrant, s'il en fallait, que ces couleurs sont plus souvent choisies par pur opportunisme électoral que par réelle conviction.

Les exemples sont nombreux, d'ailleurs, où le citoyen, moins mouton qu'on veut l'imaginer, n'hésite pas, au niveau municipal, à transgresser sa sensibilité politique pour élire des édiles se réclamant du bord opposé au sien, simplement parce qu'il convient que son Maire, fût-il d'une autre couleur que lui, lui semble, à l'preuve du terrain, bien faire son boulot.

Chaque citoyen, s'il se donne un peu de peine, peut physiquement, pour de vrai, rencontrer son Maire, ou ses élus locaux, pour exposer directement ses préoccupations.

Il faut d'ailleurs d'urgence prohiber tout parachutage d'élus dans un territoire où ils n'ont aucun antécédent concret de vie sociale.

Seuls sont légitimes à concourir à une élection locale les candidats ayant réellement, depuis cinq ans au moins, une attache citoyenne dans la cité qu'ils briguent.

Et que l'on ne s'y trompe pas, il ne s'agit pas de tricher par une domiciliation de complaisance ou autre vague cousinage, même si on n'ose imaginer qu'un candidat à pareil ministère puisse se laisser aller à détourner le système par un tel subterfuge, indigne du mandat qu'il brigue.

Par ailleurs, le Maire travaille dorénavant presque toujours à plein temps à sa mairie, tant la tâche administrative est devenue usine à gaz.

Sauf à n'avoir que des maires retraités ou en disponibilité payée, il faut donc convenablement le rémunérer, ou alors ne pas s'étonner de dérives coupables, mais fruits de la tentation de vivre au même pied que ceux que l'on côtoie.

Quant au Maire des plus petits hameaux, il mérite admiration et respect pour son investissement dans l'ombre, désintéressé et ingrat, pour ce qui est un véritable sacerdoce.

A tout le moins est-il donc légitime, lui aussi, à être indemnisé, et assisté par la solidarité nationale.

Au-delà de nos communes et de leurs édiles, que nous avons choisis en connaissance de cause, il nous semble que seuls ces derniers sont légitimes à porter nos suffrages pour choisir nos représentants à des plus gros chantiers, voire pour prétendre y accéder eux-mêmes.

Car sortis du périmètre de nos villes et villages, il est constant que la démocratie recule à chaque institution créée, par une dilution des pouvoirs qui, bien vite, est aussi inefficace qu'éloignée du citoyen.

Quel citoyen voit sa volonté s'exprimer dans les actes d'un lointain conseiller régional, d'un parlementaire qu'il ne connaît même pas, ou d'un député européen issu de listes politiques d'appareils nationaux ?

Et chaque institution de cet absurde millefeuilles de prélever sa dîme, petits prélèvements par petits prélèvements, discrètes taxations par discrètes taxations, parfois sous couvert d'adoucissement d'eau ou d'enlèvement des ordures ménagères, quand ce n'est pas d'aussi coûteux qu'inutiles ronds-points, qu'on voit fleurir au plus petit carrefour.

Tous ces fonds, insidieusement prélevés, forment, au bout du compte, une véritable rente à charge du citoyen, laquelle, déconnectée de tout réalisme économique, augmente chaque année, sauf celle des élections, trois fois plus vite que l'inflation, ce qui n'évite en rien déficits et besoins somptuaires de tous ces lointains organismes, sans pour autant améliorer le service public.

S'il vous plait, simplifions tout ce bazar, en rendant à nos Maires l'intégralité du pouvoir décentralisé, avant qu'on ne s'imagine que cette pièce montée d'officines n'a, en réalité, pas d'autre finalité que celle de dégager des postes, à seule fin de caser ou recaser nos femmes et hommes politiques.

Un libre accès à un Conseil local ad'hoc, récipiendaire des suggestions de référendum à initiative citoyenne

Les évènements récents nous ont montré l'appétit du citoyen à participer directement aux décisions qui le concernent.

Au niveau de chaque Commune un Conseil ad'hoc et permanent de citoyens, tirés au sort parmi des collèges respectant la structure sociale de la cité, recevra de tout citoyen qui le souhaite toute demande lui paraissant susceptible de donner lieu à référendum, local, régional ou national.

Ce Conseil ad'hoc sera seul compétent pour instruire ces demandes, les mettre en forme et retenir celles auxquelles il décide de donner suite.

On le dotera des ressources juridiques indispensables pour l'assister dans la formulation des questions qu'il entendra retenir pour un référendum, et dont le texte devra être validé par le Conseil Constitutionnel.

S'agissant des référendums communaux, la décision et la rédaction du Conseil ad'hoc s'imposeront au maire, qui aura cependant pouvoir de saisir le conseil Constitutionnel pour le cas où il identifierait une difficulté juridique ou une incertitude quant à la compétence de la Commune au regard du sujet soumis.

Pour les référendums régionaux ou nationaux, le Maire transmettra les demandes des Conseils ad'hoc, mais aussi celles qu'il entendrait, de sa propre initiative, suggérer, à son Président de Région, afin que ce dernier les soumette à une Conférence des Régions.

Institutions aux pouvoirs et prérogatives ainsi restaurés et renforcés, nos communes, via leurs maires et conseillers municipaux, nous semblent pouvoir, et devoir, absorber l'ensemble des missions dévolues aujourd'hui, de manière redondante et désorganisée, aux lointains cantons, circonscriptions ou autres arrondissements.

Un seul échelon intermédiaire, entre communes et Etat central, nous semble justifié, et même indispensable, celui des régions

Nos édiles communaux doivent bien sur pouvoir se concerter ou rapprocher au niveau régional et Ils doivent pouvoir le faire en intégrant une Organisation politique régionale, qui ordonnancera et traitera ceux des sujets du ressort de son territoire dépassant les compétences de la Commune seule.

Ces régions, pendant des *Länders* germaniques, à la taille comparable, doivent être dotées d'une très large autonomie, avec leur propre Assemblée, aux compétences générales auxquelles seules échappent les missions régaliennes de l'Etat.

Leurs représentants doivent, à notre sens, être choisis par nos seuls maires, et parmi eux, car nul ne peut exercer efficacement ce type de mandat de représentation régionale du citoyen s'il n'en rend pas déjà compte, au quotidien, à ses administrés municipaux.

Il est institué une Conférence nationale des Régions, à laquelle participent tous les Conseillers régionaux, notamment en charge de recevoir les demandes de Référendum régionaux ou nationaux proposés par une ou plusieurs Région, elles-mêmes saisies à cet effet par les Maires, à leur propre initiative ou à celle des Conseils ad'hoc.

Si la Conférence choisit de soumettre une question à référendum, elle transmet au Président de région concerné le texte du référendum régional qu'elle aura arrêté, ou, si le sujet relève du National, au Président de la République, et les intéressés auront alors obligation d'organiser le scrutin.

Le législateur, bien souvent inconnu des citoyens de sa circonscription, voire bombardé là sans antécédents sur le territoire, n'est pas là pour administrer, mais pour écrire nos lois.

A qui fera-t-on croire que nos lois sont conçues et débattues en séance par nos parlementaires, dont l'absentéisme dans l'hémicycle est légendaire ?

Leur nombre doit être réduit de manière qu'ils forment un groupe de travail capable de réellement œuvrer, collectivement et studieusement, au façonnage des lois, et non plus de faire acte de présence à quelques commissions pour y lire leurs SMS en séance.

Il nous semble que leur effectif pourrait ainsi être réduit de plus de cinq cents à une centaine d'élus, comme aux Etats-Unis, pourtant dix fois plus grands que nous.

Nous considérons que nos Maires sont les seuls compétents pour sélectionner, en fonction de leurs réelles capacités et compétences, des femmes et des hommes qu'ils considèreront idoines pour légiférer au sein des assemblées nationales ou européennes.

Il sortira de cette pré-sélection, faite au scrutin secret de tous les Maires de France, un collège de candidats, parmi lequel seront élus, au suffrage universel national, les Députés, qu'ils soient européens ou nationaux.

Idem pour le nombre de sénateur, étant cependant suggéré, pour leur Institution, qu'on en revienne à une élection au seul suffrage des élus municipaux, parmi eux.

Un Président, garant de la constitutionnalité et de la continuité des Institutions, et chef des armées - Un Chef de gouvernement, formellement désigné par le Président, mais sur présentation de l'Assemblée Nationale

L'histoire récente nous montre que la France a besoin de stabiliser sa gouvernance.

Force est de constater que, depuis 1981, aucun Président n'a résisté plus de 18 mois à l'effondrement de sa popularité et tous, sans exception, très vite se sont trouvés bloqués dans leurs velléités de réforme, par l'obstruction du système et de la versatile opinion publique, bien souvent orchestrée par le pouvoir médiatique.

Il nous faut donc un Président dégagé des contingences de la vie politique du quotidien, **une sorte de Président de permanente cohabitation**, qui soit garant de la continuité des Institutions, de la souveraineté de l'Etat, de l'intégrité de la Nation, et d'un exercice effectif des trois pouvoirs, conforme à la Constitution et aux principes fondateurs de notre République.

Ce président, élu au suffrage universel direct pour sept années renouvelables, ne doit, à notre sens, avoir qu'une seule prérogative exécutive, celle, régalienne, d'être Chef des armées.

Il promulgue les lois, saisit, s'il l'estime opportun, le Conseil Constitutionnel sur tout sujet, signe le décret de nomination du chef du Gouvernement.

Il et le devoir de convoquer l'Assemblée et le Sénat, réunis en congrès, pour y faire toute déclaration, organiser un vote sur la révocation du Chef du Gouvernement ou encore proposer, à son initiative, au Congrès l'organisation d'un référendum.

Il peut aussi, dans des limites à définir, et après consultation de la Conférence des régions, dissoudre l'Assemblée nationale.

Pour ne pas multiplier les candidatures à l'élection suprême, l'ensemble de nos Maires devraient, comme ils le font pour l'élection des députés, être en charge de proposer à nos suffrages une sélection de candidats, proposés par un nombre significatif de leurs pairs ou anciens pairs, et représentatifs de tous les courants du paysage politique national. Le Président sortant pourrait d'ailleurs aussi figurer de droit dans ce collège de candidats.

Un Gouvernement responsable devant l'Assemblée Nationale

Dorénavant, le Chef du Gouvernement est formellement désigné par le Président, mais nécessairement sur proposition de l'Assemblée nationale, devant laquelle il sera d'ailleurs responsable.

Il peut être mis fin à ses fonctions par le Président, mais nécessairement après un vote en ce sens par le congrès, saisi à son initiative ou à celle d'un des Présidents de chambre au moins.

Le Chef du Gouvernement désigne seul les membres de son gouvernement, leur nomination donnant lieu à Décret présidentiel.

L'éventuel refus, par le Président, d'entériner la nomination d'un ou plusieurs Ministres proposés par le Chef du Gouvernement, ce refus doit être confirmé par au moins un des deux Présidents de Chambre, à défaut de quoi le ou les Ministres confirmés sont installés.

Le Gouvernement assure exclusivement les fonctions régaliennes de l'Etat sauf celles relative aux Armées.

Un système ainsi drastiquement simplifié devrait enfin nous épargner la sclérose des incessantes perspectives électorales, réservant tout le poids et l'intérêt de l'expression de nos suffrages aux seules élections majeures : celle de nos Maires, celle de nos Députés nationaux et européens et celle du Président, outre la voie des référendums, locaux ou nationaux, dorénavant essentiellement initiés par les citoyens, avec le filtre des Conseils municipaux ad'hoc et de la Conférence des régions.

Stop à la dérive d'Institutions en tous genres, aux pouvoirs exorbitants et sans contrôle. Revenons à une unique institution judiciaire indépendante et responsable, réintégrée dans la plénitude de ses prérogatives, impartiale et exemplaire

On observe, depuis une vingtaine d'année, la multiplication d'innombrables Autorité Publiques Indépendantes, de l'ART, au CSA, de l'ACPR, ex COB, à la CNIL ou autre DDD, ex Médiateur ou HALDE, pour n'en citer que quelques-unes.

Ainsi encore, voit-on éclore d'innombrables, souvent inutiles, toujours coûteux et hors de tout contrôle, observatoires ou commissions de sages, mis en place ad'hoc et dans l'urgence, pour apaiser les foules au gré des faits divers de société un tant soit peu médiatisés, des OGM à la vache folle, du dérèglement climatique aux enjeux nucléaires, des inégalités aux discriminations.

Sans doute, soupçonnant nos Tribunaux de complaisance, voire d'incompétence dans l'exercice de la Justice, dont ils ont pourtant l'indispensable et essentiel monopole, les partisans de ces néo-tribunaux d'exception, soi-disant démocratiques, bien que plutôt technocratiques, ont ainsi conçu des hybrides Autorités Publiques Indépendantes.

Ces API sont investies d'un pouvoir arbitraire, et dotées de réelles prérogatives d'instruction et de répression, placées hors du contrôle d'au moins l'un des trois piliers constitutionnels que sont le Juge, le Législateur et l'Exécutif.

Ces organismes, qu'on a voulu indépendants, sont en fait dangereusement dépendants du titulaire du poste et de ses acolytes.

Pourtant, nos Magistrats, pour la plupart issus de la poignée de brillants auditeurs de justice qui sortent chaque année de la prestigieuse ENM, à l'issue d'un des plus sélectifs concours universitaires, sont la fierté de notre système judiciaire et la garantie de sa compétence et de son professionnalisme.

Pourquoi donc tant de défiance à l'égard de nos Juges pour vouloir confier partie de leurs missions à ces Autorités Indépendantes composées de membres aux recrutements discrétionnaires et subjectifs ?

Il faut d'urgence renoncer à cette manie démagogique et distributrice de postes, instituée sur le dos du contribuable, à l'autel de la démocratie médiatique, de créer, à chaque sujet qui fâche, une nouvelle Autorité Indépendante, insulte à la qualité de notre système judiciaire et de ses Magistrats, seule institution à laquelle notre constitution confie, à juste titre, l'exercice indépendant de la Justice, de l'instruction à la sanction des infractions.

Les prérogatives et les missions de ces Autorités Indépendantes, et les moyens dispendieux qui leurs sont consacrés, doivent être intégralement rapatriés à l'Institution Judiciaire.

Ainsi, la Justice assumera-t-elle, sans s'en départir vers des organes hybrides, ses fonctions exclusives, se dotant, en tant que de besoin, de pôles spécialisés, propres à éclairer, avec toute la technicité requise, son appréciation sur tels ou tels domaines particuliers, voire pour mettre en place des mesures de contrôle et de régulation opportunes à tel sujet de Société.

Chapitre III
De la dette

Désendetter la Maison, ne dépenser que là où c'est indispensable – Couvrir les dépenses par une fiscalité équitable, entièrement repensée au goût du 21 nième siècle

Peu importe qui a porté si haut la dette, et comment elle en est arrivée là !

Simplement, quand il n'y a plus de quoi manger à la maison, tant on a d'échéances à rembourser, on essaye, avant de se déclarer en faillite, de tous se mettre au travail pour restructurer, apurer, puis réorganiser.

Ne peut-on un instant s'affranchir, autant que faire se peut, de la grotesque soumission au dogme du consommer toujours plus, pour toujours plus de croissance, pour rembourser toujours plus de dettes ?

Nous avons une chance inouïe : les 26 autres Etats européens, et même les USA, avec leurs 21 945 milliards d'euros de dettes[2], sont peu ou prou dans la même mouise que nous, un peu moins pour quelques-uns, bien pire pour beaucoup d'autres, ce qui nous met à égalité sur la ligne de départ.

---

[2] www.USdebtClock.org, consulté le 17 janvier 2019.

On sait bien que l'Etat n'est pas un *Monsieur Riche*, qui frapperait monnaie à sa guise, qu'on pourrait solliciter ou menacer à loisir, mais qu'il n'est rien d'autre que la communauté, dont les 50 millions d'amis constituent l'essentiel des troupes.

Au bout du compte, sauf à la laisser à nos enfants, ce à quoi nous nous refusons, c'est bien nous qui allons devoir rembourser la dette creusée dans notre dos, juste pour permettre à certains chefaillons, au cours des quarante dernières années, d'être élus ou réélus, recevant là le trophée éphémère de leurs largesses.

Alors, si nous nous résignons, une fois encore, à payer, ce doit être avec notre règle du jeu, celle des 50 millions de concons solidaires, qui n'entendent plus être divisés en deux camps opposés, réalisant soudain que les diviser pour régner est justement ce qui a permis aux exilés vacanciers de nous amener là.

Cela n'aura de légitimité que si l'effort s'intègre dans la mise en œuvre d'une fiscalité moderne, totalement revue autour de deux axes, l'un assurant à tout citoyen un revenu pare-pauvreté insaisissable, financé par une taxe libératoire universelle sur le revenu (« *flat tax* »), et l'autre, organisant le reste de la fiscalité des ménages, reposant sur une taxe unique récurrente sur leur actif net et non sur leur travail (TAN)[3].

Sous cette réserve, si nous inventons vite la martingale, si, comme notre pays a su le démontrer au cours de son histoire, lorsqu'on ne nous attend plus, nous sortons solidairement nos tripes bleu blanc rouge, en remboursant nous-mêmes, dans l'instant, notre dette étrangère, tant que nous avons encore les atouts pour espérer être les artisans de la refonte d'un système plus équilibré et humain, prenant de vitesse nos voisins et regagnant, fiers conquérants, notre souveraineté.

Ce challenge est à notre portée, si nous agrégeons tous ensemble ce qu'on appelle, en langage de rugbyman, une immense *cocotte*, que le pack français est capable de pousser, quand il joue collectif, jusqu'entre les poteaux, à la seule force de sa cohésion retrouvée.

Cela s'exprimera, et le plus vite sera le mieux, par **un pacte français de sursaut national**, équitable, courageux, inventif, librement consenti par les 50 millions d'amis, enfin motivés par une issue concrète, ambitieuse mais possible, dorénavant confiants en ce que nos ouvreurs, la jouant pour une fois collectif, iront jusqu'à l'essai, plutôt que de tenter perso un drop mal inspiré.

---

[3] Cf. Objectif Oïkos du Centre des Jeunes Dirigeants-www.cjd.net, qui suggère 20% pour la *flat tax* et de 1.5 à 2.5 % pour la TAN.

Si, poussés par ce soudain alizée de l'espoir, nous ressoudons nos enfants dans une communauté tournant le dos aux communautarismes sectaires, si nous sommes capables de contrer, par quelques mesures fortes, l'inacceptable inégalité des chances au départ de la vie, il nous semble que le projet franchira des obstacles qui semblaient pourtant, comme les blockhaus allemands du mur de l'Atlantique, infranchissables.

Nous sommes un citoyen incolore et peu érudit, notre inculture de la chose publique est notre légitimité.

Modestes palabres de comptoir, les propos qui vont suivre n'échapperont pas à la pertinente censure du spécialiste.

Eh bien, qu'il nous fasse l'honneur de corriger ! Peut-être en gardera-t-il quelque semi, pour concevoir les plans d'une œuvre plus achevée.

Nous passons outre ici, à ce qu'on nous opposera que nous ne comprenons rien, que nous en sommes bien incapables, que nous sommes mal venus à oser suggérer, tant la gestion de la chose publique est complexe, réservée à l'érudition, apanage des seuls experts du gotha des *économicologues*.

Assez d'être, muselés, benêts élèves de la leçon pédagogique de proclamés sachants !

Quelle prétention condescendante, pour ces apprentis druides, que de nous consentir un effort de « *pédagogie* », juste pour nous expliquer dans quel état leur Etat nous a mis.

Est-il vraiment besoin de leur « *pédagogie* », après 30 ans d'infusion de poudre et autres concoctions de perlimpinpin dans leurs laboratoires d'apprentis sorciers, payés sur nos deniers, pour constater la merde dans laquelle ils nous ont mis ?

On ne comprend sans doute pas grand chose, mais on finit vraiment par se demander s'il y a réellement quelque chose de compréhensible à comprendre dans la gestion de nos finances publiques au cours des quarante dernières années, si ce n'est leur étonnante addiction au théorème des Danaïdes, sollicitant si bien le tonneau, pour satisfaire leurs infinis besoins, qu'il n'en reste plus que le trou, à combler par nos enfants, Enorme !!!

Car si ces femmes et hommes d'Etat sont censés mériter légitimement notre respect pour leur haut niveau d'érudition, de science, de technicité, de savoir et d'intelligence, ils nous ont néanmoins amenés aux... 2 200 milliards d'euros de dettes, qu'il nous faut aujourd'hui gérer, et encore, le mot « gérer » est-il bien présomptueux.

« Digérer » serait sans doute plus à propos !

Mais comment relancer une partie de Monopoly, arrivée à ce stade de l'impasse, où la banque souveraine qu'est l'Etat est exsangue, pour avoir vidé ses caisses, en payant ses innombrables croupiers, dont l'emploi est garanti pour toute la partie, et en injectant l'argent de ses clients dans un système pipé, distribuant des subsides aux joueurs surendettés, pour qu'ils puissent continuer à jouer, ou au moins à survivre, sous perfusion dans un jeu sans issue ?

Car la partie, petit à petit, a dégénéré, faute de régulation, aboutissant à ce que certains aient, sans pour autant tricher, la faute à la chance, à leur naissance, aux fruits de leur travail, ou au sens des affaires, commencé à gagner, et à gagner encore, jusqu'à posséder toutes les avenues, toutes les maisons, tous les hôtels, ne laissant à leurs camarades moins bien dotés, moins accros au labeur, moins chanceux, ou simplement moins habiles, que quelques vagues gares, où on ne s'arrête plus, voire plus de logis du tout.

Alors, à coup de subventions, de prêts et autres pansements de fortune, qui coûtent effectivement fortune, on maintien l'essentiel des joueurs dans le jeu car, s'il n'y a plus de joueurs, fussent-ils sous perfusion, la partie est finie.

Prenons le Monopoly France et sa dette « *souveraine* ».

Le mot, quasi impérial, prête, à lui seul, à sourire.

Pour faire érudit, ou éviter d'avouer qu'il s'agit tristement de la dette de l'ETAT Français, on nous présente cela aristocratiquement, sous le rassurant attribut de « *dette souveraine* », comme s'il s'agissait de la dette d'on ne sait quel riche émir arabe, d'une dette noble, presque érigée en œuvre d'art, dont l'inspiration échappe aux non initiés que nous sommes.

Deux mille deux cents milliards d'euros, la dette souveraine française ! Cela mérite d'être écrit en toutes lettres, parce que « 2 200 M d'€ », cela fait un peu petit joueur !

Ou alors, il faut l'écrire en chiffres arabes, avec tous ses zéros :

2 200 000 000 000 euros !

C'est tellement de zéros que ça n'évoque plus rien, ça ferait presque rire !

Petite projection : si tant est que, sur cette planète, un milliard de gentils individus, soit, quand même, 15 % de la population mondiale, avaient la charitable idée de secourir le seul pays France, il leur faudrait débourser chacun 2 200 € !

Pour donner une idée de l'abîme, la totalité de l'impôt sur le revenu prélevé, chaque année, en France, ne représente qu'à peine 75 milliards d'euros.

La France doit donc aujourd'hui plus de 33 ans d'Impôt sur le Revenu.

Certes, on ne refera pas l'histoire. Convenons cependant que, depuis des décennies, chaque année nous alourdissons la barque, pour quelques raisons simples :

- L'Etat ne maîtrise, ni ne diminue jamais ses dépenses. Pire, il les alourdit chaque année, sauf pendant la période Nicolas Sarkozy (2007 / 2012) où, si on admet que la crise mondiale 2008 a pesé pour environ 500 milliards d'euros sur l'accroissement de la dette française, cette dernière est restée, hors ce trou non structurel, qui s'est imposé à toutes les nations du monde, à peu près stable sur les 5 ans de mandat. Elle reprendra alors, **sans crise économique cette fois**, plus de 400 milliards d'euros sous François Hollande, puis déjà 50 milliards d'euros en sus en dix-huit mois d'Emmanuel Macron.

- Si l'Etat n'emprunte pas, il est en faillite, car il ne peut plus assumer, avec ses seules recettes, ses dépenses. Il est donc condamné à emprunter pour vivre.

- Même si on ne s'attaque pas à rembourser le moindre centime de dette, il nous faut, malgré tout, en payer les intérêts, qui absorbent à eux seuls la quasi-totalité de l'Impôt sur le revenu payé par 43 % des ménages.

Sur ces 2 200 milliards d'euros de dettes, environ 60 %, un peu plus même, sont dus à des prêteurs étrangers, soit environ 1 350 milliards d'euros.[4]

Le reste est emprunté auprès des institutionnels nationaux, essentiellement banques, FCP et Assurances, c'est-à-dire, en

---

[4] https://www.alternatives-economiques.fr/structure-de-detention-de-dette-publique-francaise-0103201510839.html

réalité, grâce à l'épargne public, puisque ces institutionnels ne sont que les dépositaires des avoirs des citoyens.

Il faut donc bien comprendre que, si on venait à rayer d'un trait, d'un simple Fait du Prince, la dette souveraine française portée par les créanciers nationaux, c'est l'épargne des particuliers qui serait aussi rayé du même trait, notamment les réserves constituées par chaque citoyen auprès de ses banques, de ses caisses de retraite ou de ses assurances-vie.

Quant à faire défaut sur la dette d'origine non résidente, autant dire que cela revient à ne plus payer nos policiers, nos hôpitaux, nos enseignants, etc. dans l'instant, puisqu'on cesse de pouvoir souscrire sur le marché financier international les emprunts quotidiens, qui seuls permettent de payer nos dépenses.

Quand on sait le poids politique que peuvent représenter des créanciers sur leurs débiteurs, on comprend que la liberté d'action de la Nation France est aujourd'hui quelque peu écornée, aliénée au profit de ses créanciers, notamment étrangers.

Gageons ici que la souveraineté de l'Etat est inversement proportionnelle à celle de sa dette !

Arrivés à ce stade du constat, on pourrait supposer qu'on se reprenne en main avec humilité, qu'on réduise les dépenses, prenant soin de ne pas tarir les recettes existantes en les épuisant ou les décourageant.

Eh bien non ! C'en est presque risible ! La règle reste le déficit, certes censé être contenu à 3 % du Produit Intérieur Brut, objectif à peu près jamais atteint de mémoire de l'auteur.

Continuons l'endettement, nos enfants assumeront !

Il n'y aurait ainsi rien d'inquiétant à poursuivre la quarantenaire méthode de la cigale de La Fontaine, qui consiste à dépenser plus qu'on ne gagne.

En clair, cela permet de poursuivre, un temps encore, la partie de Monopoly, et donc aux prêteurs d'encaisser au moins leurs intérêts.

Il ne nous échappera pas d'ailleurs que, si on venait à ne plus payer les intérêts dus à nos prêteuses compagnies d'assurances, ces dernières cesseraient bien sûr, dans l'instant, d'être en capacité d'honorer nos pensions de retraite complémentaire, spoliant un peu plus encore ces classes moyennes qui en sont tributaires.

Pire, nous sommes dorénavant, avec l'Italie, un des seuls pays européens qui, non seulement poursuit son endettement, mais l'aggrave largement au-delà des 3 %, justifiant cette dérive par les conséquences de « *la crise jaune* » que justement ce système d'endettement a lui-même induit.

En bref, il faut s'endetter encore plus pour rembourser les intérêts d'une dette qui, à nouveau, impose d'emprunter une autre tranche pour rembourser la nouvelle dette, justement contractée pour payer la dette ainsi réitérée…… ! Aïe, aïe, aïe ! La migraine nous gagne !

Chut, ne dites surtout pas « *la faillite de l'Etat* », cela pourrait nous foutre la pétoche, à nous, les 50 millions d'amis, il faut nous dire la « *crise de la dette souveraine* » !

La faillite « *royale* » oui, la déroute « *impériale* », même !

On n'a plus de pognon ! On ne peut plus payer, et on nous gave encore, en nous murmurant d'un air entendu :

« *Ne vous inquiétez pas, bonnes gens, dormez tranquilles, c'est juste une infection de la « dette souveraine ». On va trouver l'antibiotique ! »*

Ici, nous sommes entre nous. Reprenons-nous, restons calmes, et mettons-nous au tableau noir avec une craie.

Deux mille deux cents milliards d'euros de dettes ! Sommes-nous vraiment un pays en état absolu d'irréversible déconfiture ?

Equipés de lampes torches et autres matériels de spéléologie, plongeons dans les galeries souterraines des quelques cyber sites traitant des finances publiques, tel, par exemple, « *l'observatoire des inégalités* » (sic).

Ça, il fallait vraiment être un Maître de Maître pour inventer un pareil terme sans rigoler.

Nos technocrates savent d'ailleurs bien inventer les plus iconoclastes termes, comme, par exemple, cette invraisemblable, mais très officielle CVO, comme « *Contribution Volontaire Obligatoire* »[5] (sic). No comment !

C'est à peu près comme si, pour désigner mon petit caniche, je vous parlais de mon ECM, comme « *Enorme Chien Minuscule* ».

Ce n'est bien sûr pas le bien ou mal fondé de cette CVO qui est ici visé, mais simplement le fait que, des bureaux des Ministères, on soit si loin de la vraie vie qu'on ne mesure pas l'abscondité de qualifier une taxe, bien sûr obligatoire, de « *Contribution Volontaire Obligatoire* ».

Parenthèse refermée, nous extirpons de ce fameux, et bien français, *observatoire des inégalités,* quelques informations un peu moins dramatiques que la désignation dudit observatoire le laissait penser, comme celles rapportant le niveau de patrimoine cumulé de la France.

Grosso modo, nous croyons comprendre que le patrimoine cumulé de la France correspond à ce qu'elle vaudrait, en théorie, si elle était à vendre.

Il s'agit donc de la totalité du patrimoine cumulé, net de dettes, de l'Etat et de tous les français.

------

[5] La CVO a été créée par la loi du 10 juillet 1975, initialement au regard des organisations interprofessionnelles agricoles.

La valeur de la France serait ainsi estimée à plus de 13 000 milliards d'euros pour un PIB de l'ordre de 2 300 milliards d'euros (2 583 milliards de dollars à fin 2007 selon nos sources) soit à peu près 100 % de la dette souveraine française.[6]

L'Etat dépense environ, en redistribution, et pour faire fonctionner son organisation, et payer les intérêts de sa dette, 1 345 milliards d'euros par an[7], soit, au passage, environ 60% du PIB.

Nous partons donc, concernant le nourrain France, d'un modèle théorique de base, grevé de 2 200 milliards d'euros en rouge à la banque, mais doté d'un patrimoine collectif de ses membres pesant pour environ 13 000 milliards d'euros.

On considérera que, sur ces 13 000 milliards d'euros, environ 5 000 milliards d'euros sont des valeurs financières.[8]

---

[6] Selon Céline Crouzel (figaro.fr – 17.03.2009), la valeur de la France en 2009 était de 12 513 milliards d'euros. Il s'agit de l'ensemble des actifs, minorés des passifs des ménages, des entreprises et des administration publiques (Etat, Collectivités et sécurité sociale). C'est quelque part le prix à payer par l'acquéreur du patrimoine de la France, net de dettes.

[7] Le point 10 janvier 2019 page 36, rubrique « Elus »

[8] 5 233 milliards d'euros au troisième trimestre 2017

Le cochonnou de l'Etat français est notamment abondé, chaque année, de 75 milliards d'euros d'impôt sur le revenu[9].

Le Trésor est, en outre nourri des droits de mutation, de donation ou de succession, sur la partie des 13 000 milliards d'euros qui change de main, au gré des donations et des décès de l'année.

Certes, la TVA (160 milliards d'euros), la CSG (107 milliards d'euros) et les innombrables autres discrètes taxes en tous genres, portant les prélèvements annuels de l'Etat sur le labeur des français et les fruits de leur patrimoine à 1 038 milliards d'euros à fin 2017 [10], sont autrement plus conséquents que les recettes d'IR et de droits de succession pour tenter de maintenir à flot le navire.

Sauf les inévitables escrocs, considérons que les contributeurs à l'impôt sur le revenu sont de bons citoyens, qui ont bien travaillé, et qui acceptent de reverser jusqu'à plus de six mois des fruits de leur travail à la collectivité.

Nous avons donc plutôt tendance à leur en donner acte qu'à les en fustiger.

---

[9] https://www.corrigetonimpot.fr/impot-chiffre-statistique-total-revenu-france/

[10] https://www.l-expert-comptable.com/a/531577-ce-que-rapportent-les-differents-impots.html

Néanmoins, la dette est là, il faut la rembourser, et comme on ne tond pas un œuf, il va bien falloir qu'ils repassent à la caisse.

Pas besoin, en effet, de se parer d'habits de révolutionnaire pour convenir qu'on ne va pas demander à un français, dit des « *classes moyennes basses* », déjà dans la galère jusqu'au cou pour payer sa baguette, de venir mettre le pécule qu'il n'a pas au service de la dette.

Mais soyons clairs, mes chers 50 millions d'amis, nous devons bien admettre qu'il va bien nous falloir payer nous-même cette fichue dette, car, n'en déplaise aux propos populistes, il n'existe pas de « *Monsieur Etat* », d'Ali baba des temps modernes, ni de fourmis économes que les cigales ruinées pourraient solliciter sur un simple dictat, pour éponger leurs frasques.

Les populistes vous diront de rétablir l'ISF, soit une recette de l'ordre de 1.35 milliards d'euros par an en sus de l'IFI[11].

Certes, mais cela ne remboursera guère la dette, tout au plus cela rapportera, à première vue, 19 euros par français et par an et, *in fine*, leur en coûtera autrement plus cher, si on prend en compte le coût de collecte et les effets collatéraux.

---

[11] L'ISF rapportait dans sa dernière année 4.23 milliards d'euros et les projections du rapport de l'IFI sont de l'ordre de 2.75 milliards d'euros.

Quant aux plus gros revenus, perçus par les 10 % des 43 % des français payant l'impôt sur le revenu, les confisquer à 100%, c'est-à-dire, pour l'exercice, ramener à zéro le revenu de ces travailleurs nantis, rapporterait environ 400 euros par français et par an, soit environ 33 euros par mois, mais il faudrait alors reverser la totalité de cette éphémère manne au trésor, d'une part pour payer le RSI aux anciens riches, et, d'autre part, pour payer les indemnités de chômage et les cotisations sociales des un instant enrichis, mais ayant perdu dans la foulée l'emploi que, jusqu'alors, les anciens riches bien souvent pourvoyaient.

Ne nous leurrons pas plus en rêvant mettre à contribution nos plus grosses entreprises, car ce séduisant discours démontre, si besoin en était, à quel point on nous prend pour des niais.

Si on en suit les tenants du pillage de cette cagnotte, toute prête à nous être servie, ces entreprises appartiendraient à un Monsieur Total, un Monsieur Renault, un Monsieur Edison, un Monsieur Hewlett ou une Madame Packard, un Monsieur IBM ou une Madame France Telecom, un Monsieur Areva ou autre Monsieur Eurotunnel, une Mademoiselle BNP ou un héritier Crédit Lyonnais[12].

---

[12] Notons cependant que les 10 premières fortunes françaises détiendraient à elles seules un patrimoine de 241 milliards d'euros soit plus de 10 % du montant total de la dette souveraine française. (https://www.inegalites.fr/spip.php?page=recherche&recherche=p

Bref, il suffirait de mettre en coupe organisée ces riches industriels, et le tour serait joué.

Arrêtez donc ce fantasme !

Si vous pompez ces entreprises, vous savez bien que ce sont les 50 millions d'amis qu'en fait vous pillez.

Parce que leurs SICAV, leurs assurance Vie, leurs fonds de retraites, les fonds de leurs comités d'entreprise, leurs comptes bancaires, leurs livrets de caisse d'épargne et autres PER ou CODEVI sont bien les principaux actionnaires de ces machines industrielles.

Malheureusement, « *Monsieur Etat* », et même « *Monsieur Grande Entreprise* », sauf les rares exceptions que sont des Bettencourt, des Arnault, des Lagardère ou des Bouygues, ce n'est jamais rien d'autre, *in fine*, que les 50 millions d'amis.

Et ceux-là, sauf à les racketter, si ont veut leur secours, il faudra que leur effort soit librement consenti et reconnu, et non obtenu par contrainte.

Encore faut-il surtout leur dire à quoi va servir leur pécule, leur donner quelques garanties que cela ne servira pas à vérifier, une fois encore, le théorème de Danaïdes.

S'ils sont appelés pour éviter le naufrage, il est clair qu'ils souhaiteront être certains que leurs efforts ne seront pas déviés pour financer les fraudeurs du système, ceux qui éludent l'impôt ou ceux qui détournent les secours solidaires pour s'affranchir de l'effort, ou pour faire payer à la collectivité l'assistance de non éligibles ayants droits.

Et comme il faut beaucoup de pognon, parce que nous entendons rembourser dans l'instant la moitié de la dette, il va falloir être d'autant plus ambitieux que nous voulons aussi immédiatement consacrer 100 milliards d'euros aux chantiers à entreprendre sans délai.

Il s'agit notamment, outre l'avènement de l'Allocation Universelle, de la transition écologique, du développement de notre agriculture, de l'exploitation de nos forêts morcelées, gisements de ressources énergétiques naturelles dont regorge notre pays, et surtout de l'insertion de notre jeunesse dans une vie sociale rémunérée dès la fin des études secondaires.

C'est au début du chemin de la vie, qu'il faut mettre chaque individu à égalité sur la ligne de départ, et non viser l'égalité sur la ligne d'arrivée, illusoire mais répandue gageure.

Il s'agit aussi de mettre en place sereinement l'indispensable et inéluctable Grenelle de la dépense publique justifiée avec, à la clef, la profonde refonte de la fiscalité, dont ne nous ne pouvons plus faire l'économie.

Ainsi notre objectif est-il, ne serait-ce d'ailleurs que pour nous affranchir du glaive d'une, inéluctable à terme, augmentation des taux d'intérêts, de dégager sans délai 1 100 milliards d'euros de liquidités, dont 1 000 milliards d'euros iront immédiatement rembourser, par priorité, la dette non résidente de notre pays, afin d'asseoir notre souveraineté.

Ce faisant, le fardeau des intérêts de la dette diminuerait dans des proportions conséquentes, redirigé vers notre capacité à nous atteler à rembourser le reliquat de dette, grâce aux marges ainsi retrouvées.

Mais comment dégager d'un coup 1 100 milliards d'euros de cash ?

Nous imaginons agir sur trois leviers, l'impôt sur le revenu, les droits de succession et un subtile « *emprunt* » des Biens de Main Morte, et nous entendons ne spolier personne, et éviter la contrainte individuelle, la punition des non pauvres, pour ne pas dire des semi riches, livrés à la vindicte, simplement pour n'avoir pas été les perdants de la partie.

Un effort n'est acceptable que s'il est équitable, librement consenti, et surtout assorti d'une contrepartie, quantitative ou qualitative, matérielle ou morale.

Payons d'avance notre Impôt sur le Revenu !

L'impôt sur le revenu représente aujourd'hui plus de 75 milliards d'euros annuels de recettes pour l'Etat, issues d'un prélèvement perçu sur les revenus, essentiellement du travail, de 43 % des ménages français.

Préliminaire à toute demande d'effort aux 43 % des 50 millions d'amis, il est urgent de s'assurer sans faille que la règle du jeu du paiement de cet impôt s'applique bien, à l'euro, l'euro, à tout contribuable, sans triche, sans fraude et sans échappatoire via de savantes esquisses fiscales.

Il n'est pas acceptable que ceux qui, certes, gagnent confortablement leur vie, mais payent scrupuleusement, en sonnants et trébuchants euros, un taux moyen réel d'imposition de 30 à plus de 40 % du prix de la sueur de leur boulot, soient présumés fripons, car soupçonnés de faire partie de la bande des quelques fieffés coquins, pourtant parmi les mieux lotis, qui éludent de payer leur dîme en abusant des martingales de niches fiscales, ramenant ainsi leurs taux moyens d'imposition à des seuils aussi insignifiants qu'indécents.

Cela étant acté, nous suggérons, à titre exceptionnel et temporaire, pour les cinq ans à venir, pour sortir du tunnel, que toutes les tranches supérieures augmentent, par exemple à partir de 150 000 euros, puis 300 000 euros, puis 500 000 euros par ménage, taxées respectivement à 50 %, puis 60 %, puis 66 %.

Nous considérons qu'au-delà de cinq années exceptionnelles, il y aurait spoliation à maintenir pareil niveau de prélèvement, sauf à décider d'un plafonnement général de fait des revenus, hypothèse idéologique communiste qui ne nous offusque pas, mais qui n'est pas la nôtre, car elle est inefficace et finit par spolier le pauvre lui-même, et tuer l'initiative, et donc la prospérité.

Nous ne sommes ni aveugles, ni totalitaires : 66% ! Même si c'est à titre temporaire, la pilule est amère ! Sans doute, est-ce même quasi limite liberticide !

Mais nous ménageons une martingale !

Chaque français concerné peut, à revenus constants, se maintenir aux taux actuels, plafonnés donc à 40 ou 45 %.

C'est simple ! Il lui suffit d'accepter de payer d'avance cinq ans d'impôts sur le revenu, sur la base de ses derniers revenus.

L'Etat créera, dans ce contexte, un compte permanent fiscal au nom de chaque français.

Pendant cinq ans, pour ceux qui auront opté pour le paiement d'avance, on ne touchera pas à leur taux d'imposition, dans la limite des revenus ainsi déclarés par anticipation pour cette période.

Au bout de ces cinq ans, nous partons du principe que l'IR aura laissé place à la *flat tax* et à la *TAN*, dont nous parlerons un plus loin, nouveaux outils de la fiscalité revisitée.

Ceux qui gagneront moins que prévu ne seront pas remboursés, mais bénéficieront d'un crédit d'impôt, c'est-à-dire d'un à valoir sur leurs futurs impôts, porté dans leur compte permanent fiscal.

Bien sûr, les montants de feu l'IR ainsi déjà payés seront, s'ils sont créditeurs, imputés, au bénéfice du contribuable en ayant fait l'avance, sur les futures *flat tax* et TAN, grâce à son compte permanent fiscal.

Pour permettre aux contribuables qui, légitimement, équilibrent, à la différence de l'Etat, leur budget, mais qui, s'étant endettés juste à la hauteur de ce que leur permettent leurs revenus, par exemple pour financer leur résidence ou leurs projets, ne disposent pas de la trésorerie suffisante pour financer l'avance d'IR, l'Etat pourrait « inviter » les banques, qui ne sont pas pour rien dans notre bérézina, à leur prêter sur cinq ans, avec un taux proche de zéro, les fonds nécessaires à faire face à cette contribution anticipée.

Qui sait, l'Etat pourrait-il même, peut-être, se porter garant.

Si un tel mécanisme séduisait, ne serait-ce que la moitié des contributeurs, voilà plus de 185 milliards d'euros qui rentreraient d'un coup dans les caisses de l'Etat, sans avoir lésé quiconque, si ce n'est une « petite » avance, sans intérêts, d'impôts à l'Etat, en échange d'une sécurisation sur cinq ans des taux d'imposition, qui plus est financée par les banques prêteuses.

Donnant – Donnant :

« Payez cinq ans d'impôts d'avance, à leur niveau actuel, ou assumez l'alourdissement conséquent des taux dès cette année, et ce, pendant cinq ans. »

Certes, voilà déjà les premiers 185 milliards d'euros de trouvés, sur les 1 100 milliards d'euros recherchés, mais il reste du chemin, mes chers 50 millions d'amis.

Des droits de succession prélevés à la source ?

Revenons au jeu de Monopoly.

Franchement, peut-on imaginer une partie de Monopoly dans laquelle, dès le début de la partie, une poignée de joueurs détiendrait, avant même la distribution des cartes, des avenues, voire des immeubles, des maisons, des gares ou des hôtels ?

Bien sûr que non ! Le jeu serait pipé d'avance, et conduirait vite à la fin de la partie, les plus hardis, révoltés, renversant pions et hôtels sur la table de jeu.

Au Monopoly, on distribue un jeu vierge à chaque début de partie !

Certes, au Monopoly de la vie publique, il est sain que chacun puisse laisser à ses enfants quelques biens fièrement et durement gagnés pendant sa propre partie.

En revanche, au-delà d'un seuil de convenance, non constitutif d'un revenu supplétif, ce n'est pas un bon service à rendre à l'héritier, et, en tous cas, cela pipe la Partie.

Aussi, notre conviction, loin de toute punition ou autre revanche de classe, est qu'il faut se rapprocher de la distribution de jeux vierges en début de partie.

Cela est la simple traduction de notre conviction d'une nécessaire égalité sur la ligne de départ, comme nous y reviendrons, s'agissant de nos enfants.

Entendons-nous cependant, cette nécessaire égalité sur cette ligne de départ est néanmoins l'opposé de l'aspiration vers le bas, que signifierait l'exigence d'atteindre une utopique égalité sur la ligne d'arrivée.

Il nous semble qu'il ne serait pas inéquitable, au-delà d'un seuil de convenance, 50 000 euros par exemple par enfant et par parent, de renforcer substantiellement la progression des taux des droits de succession, et même de donation.

Ainsi, les droits de succession en ligne directe pourraient-ils, dorénavant, se présenter comme suit, par parent et par enfant :

- Jusqu'à 50 000 euros   0%

- De 50 000 à 65 000 euros   10%

- De 65 000 à 150 000 euros   20%

- De 150 000 à 552 000 euros   30%

- De 552 000 à 902 000 euros   40 %

- De 902 000 à 1 805 000 euros   50 %

- Au-delà de 1 805 000 euros   66%

Les barèmes seraient, bien sûr, augmentés à même proportion pour les successions hors ligne directe.

Ainsi, au-delà d'un seuil assez vite atteint, patatras ! Ça devrait cogner, et pour les plus gros patrimoines, ça devrait même décaper, et cela pour toute succession ouverte dès le début du quinquennat.

Comme pour l'impôt sur le revenu, nous convenons que c'est sévère, c'est douloureux, c'est autoritaire, cela peut même être légitimement considéré comme spoliateur.

Peut-être, d'ailleurs, pourrait-on moduler ces mesures selon que le patrimoine transmis est lui-même d'origine successoral ou provient du travail du *de cujus* ?

Mais, ici aussi, il y a une martingale alternative !

Car oui, mes chers 50 millions d'amis, vous avez deviné, si vous payez tout de suite, les taux restent inchangés !

Certes, nous n'avons pas du tout envie de mourir tout de suite, même par une fiction fiscale.

Certes, nous ne savons même pas encore à qui nous entendons donner ou léguer.

Certes, le moment venu, nous aurons peut-être de nouveaux héritiers ou certains ne seront-ils plus là.

Fi ! Aucune importance, l'assiette de patrimoine sur laquelle les droits successoraux auront déjà été prépayés, sera bien prise en compte dans votre compte permanent fiscal, et assiette et droits seront ajustés, au réel de la situation au jour du décès.

En effet, l'inéluctable moment venu, on se contentera de recalculer le solde dû d'impôts, en appliquant les taux en vigueur au jour du décès à la seule différence entre le montant réel du patrimoine du *de cujus* au jour de son décès, et celui ayant déjà donné lieu à pré-taxation dans son compte permanent fiscal, avec un ajustement, bien sûr, au regard du nombre et du degré de parenté des héritiers.

Pour atténuer l'impact d'un éventuel risque de trop perçu fiscal au jour effectif de la succession, et pour prendre en compte l'évolution de son patrimoine et l'évolution des héritiers éligibles, chaque contribuable devra réactualiser, chaque année, sa situation.

Comme nous l'avons suggéré pour financer l'anticipation d'impôt sur le revenu, le financement de ce précompte successoral fiscal pourrait être assuré par les banques, garanti par l'Etat, qui pourrait imposer aux prêteurs, pour prix de leur participation au redressement national, un taux préférentiel, capé à l'inflation.

Les emprunts pourraient être amortissables ou, en tout ou partie, remboursables *in fine* de la vie de l'emprunteur, mais dans ce dernier cas, le patrimoine dévolu aux héritiers servira, le jour venu, par privilège, par exemple fiduciaire, à désintéresser les banques prêteuses.

Selon « *l'observatoire des inégalités* », en 2007 le patrimoine des seuls ménages français atteignait 9 400 milliards d'euros[13].

Imaginons un paiement anticipé immédiat de l'intégralité des droits de succession sur ce pactole ! C'est une véritable manne !

Bien sûr, qualifiée de « *Recette Souveraine* », cette inespérée cagnotte sera consacrée au remboursement immédiat de la dette souveraine étrangère à même hauteur, sauf les 100

13

https://www.inegalites.fr/spip.php?page=recherche&recherche=patrimoine+des+fran%C3%A7ais&id_mot=&debut_autres_articles=10#pagination_autres_articles

milliards d'euros affectés à la mise en œuvre des premières mesures d'urgence du projet.

Mais après, ceinture pour l'Etat. Il lui faudra, pendant quelques temps, se passer des recettes des droits de succession et, cercle vertueux oblige, se suffire de ses autres rentrées, essentiellement, dorénavant, TAN, *flat tax* et TVA !

Le patrimoine moyen des français était de 200 000 euros par adulte en 2012[14], les 10 % les plus riches possédant 50 % du patrimoine et 30 % de la population détenant plus de 150 000 euros de patrimoine[15].

Ces 30 % pourraient ainsi représenter, selon nos approximatives, et certainement contestables, propres projections, de l'ordre de 75 % du patrimoine des ménages, soit 7 500 milliards d'euros.

Admettons, pour l'exercice, que 50 % de la population concernée joue (ou, par exemple, au-dessus d'un certain seuil, soit contrainte de jouer) la carte du paiement d'avance de l'impôt sur les successions, qu'on estimerait, toujours pour l'exercice, calculé sur la base d'un taux moyen de 15 %

---

[14] http://www.blog-illusio.com/2017/02/quelle-est-la-repartition-du-patrimoine-en-france.html

[15] https://www.inegalites.fr/Patrimoine-etes-vous-fortune

d'impôts successoraux à précompter, voilà 562 milliards d'euros qui tomberaient dans les caisses de l'Etat.

Si on admet d'y ajouter, disons, toujours pour l'exercice, 3 % du tout, pour prendre en compte la recette sur les grosses successions, aux plus forts taux d'imposition, soit 112 milliards d'euros, nous voilà avec une petite rentrée, aussi inattendue que consistante, de la modique somme de quasiment 675 milliards d'euros… !

On ajoutera ici que la démarche d'inventaire patrimonial initial, pour mettre en œuvre le précompte sur succession future, aura, pour autre mérite, celui de constituer la première marche vers la déclaration d'actif net, permettant la transition à horizon de cinq ans vers la taxe sur les actifs nets (TAN), contribution d'intelligence et d'équité qui veut qu'on taxe surtout ce qu'on possède, et non ce que l'on gagne, puisque le revenu consommé est déjà taxé à la source via la TVA et la *flat tax*.

Ces mécanismes novateurs, pour beaucoup puisés dans les travaux du Centre des Jeunes dirigeants, sont présentés au chapitre suivant.

Ajoutés à nos 185 milliards d'euros d'impôt sur le revenu anticipé, voilà donc, grâce à ces 675 milliards d'euros d'avance sur droits sur successions futures, 860 milliards d'euros encaissés.

Il ne nous reste plus qu'à trouver les 240 milliards d'euros manquants pour atteindre les 1 100 milliards d'euros recherchés.

Des biens de main morte

Quel est donc que ce drôle d'animal qu'un « Bien de main morte » ?

Tout bien, quel qu'il soit, appartient, pensons-nous, à un patrimoine qui a nécessairement un propriétaire.

Convenons, par ailleurs, que ce propriétaire est nécessairement une personne physique ou une personne morale, organisme de droit privé ou de droit public.

S'agissant de personnes physiques, il s'agit d'un citoyen, comme n'importe lequel des 50 millions d'amis.

Quant aux personnes morales, on distingue celles, dites de droit public, qui vont de l'Etat lui-même aux Hôpitaux ou aux Collectivités locales (Communes, départements, etc.), de celles dites de droit privé, sociétés et autres formes d'organismes.

On comprendra que, contrairement au cas des personnes de droit public, l'ayant droit économique ultime des personnes morales de droit privé est, *in fine*, forcément, à nouveau, une personne physique (actionnaire, associé, membre...).

De ces quelques propos liminaires, on croit pouvoir en déduire que, en dehors du domaine public, quel que soit le cas de figure, au bout du bout du mécanisme, il y a toujours, *in fine*, une personne physique propriétaire d'un patrimoine donné.

Certes, il y a exception à ce principe en cas de succession en déshérence, c'est-à-dire de personnes physiques disparaissant sans laisser d'héritier, mais telle n'est pas notre sujet ici, d'autant plus que, même en ce cas, la caisse des dépôts et consignations, et donc, *in fine*, l'Etat, devient récipiendaire.

Car il existe une autre exception, celle des personnes morales à but non lucratif qui, certes, sont composées de membres personnes physiques, mais qui n'ont eux-mêmes légalement aucun droit pécuniaire sur le patrimoine de ces organismes, celui-ci ne pouvant, par la loi, en aucun cas leur être affecté ou distribué.

Ce sont ces patrimoines que l'on dénomme des « *biens de main morte* ».

En général, en cas de disparition de l'organisme, la loi prévoit que son patrimoine sera transmis à un autre organisme de même nature, voire à l'Etat lui-même, mais en aucune façon à ses membres.

Il s'agit, par exemple, en France, des Mutuelles, des Institutions de prévoyance et de nombreux organismes à but non lucratif.

Nul n'entend, tant ce serait injuste, absurde et illégitime, ne pas louer l'existence de tels organismes, socles historiques de cohésion et de solidarité sociale, dernière expression d'actions purement mutualistes et humanistes, à but par essence désintéressé, et bastions de la solidarité en matière de protection sociale, de prévention et de prévoyance, **outre, demain, de la prise en charge de la dépendance**.

Ces organismes fonctionnent exclusivement grâce aux cotisations prélevées sur les membres protégés, lesquelles doivent obligatoirement couvrir, chaque année, outre les frais de gestion, le montant des prestations servies, c'est-à-dire la couverture des risques mutualisés qu'elles assurent, et des services qu'elles rendent à leurs membres.

Ces organismes sont gérés, avec le professionnalisme de l'expérience, et sans recherche de profit, et, d'une manière générale, pas ou peu de sinistres extraordinaires ne sont à déplorer, qui ne seraient couverts par les cotisations de l'année ou par une réévaluation des cotisations de l'année suivante, ce à quoi veille d'ailleurs leur autorité de tutelle, l'ACPR.

Pourtant, notamment Bruxelles obligeant, elles sont contraintes à des règles, dites prudentielles, drastiques, censées garantir à leurs membres que tout sinistre sera couvert, grâce à la constitution, par précaution, par chacun de ces organismes, de fonds propres de réserve, cantonnés au sein de patrimoines dits indisponibles.

En d'autres termes, ces organismes, tout comme, d'ailleurs, les banques en général et les compagnies d'assurance, sont tenus, simplement pour garantir un risque de sinistres supérieurs aux recettes nées ou à naître de leurs cotisations, d'être propriétaires d'un montant de patrimoine qu'elles ne peuvent aliéner, ni utiliser pour assurer le coût de leur exploitation.

En réalité, l'équilibre d'exploitation de ces organismes doit être assuré par les cotisations des membres, et non par les revenus de leur patrimoine.

Le montant des cotisations des membres doit donc couvrir, à la fois les frais de gestion et les prestations servies aux personnes protégées, même si, en pratique, partie des revenus du patrimoine peut compléter le modèle économique.

Du fait de leur statut, en cas de disparition de l'organisme, son patrimoine ne peut en aucune façon être attribué, que ce soit en nature ou en valeur, à ses membres.

Ainsi, en pratique, personne ne se rendrait même compte de l'éventuelle disparition de ce patrimoine, puisque, s'agissant de « *biens de main morte* », nul n'a de droit, *in fine*, à faire valoir sur eux, et puisqu'ils ne peuvent, pour partie au moins, pas être utilisés par l'organisme concerné pour financer sa propre exploitation.

Une approche micro économique, Organisme par Organisme, peut justifier telle garantie prudentielle, encore que l'on mesure mal, par exemple, comment une mutuelle complémentaire santé pourrait risquer de faire face à un sinistre de telle ampleur qu'il lui faille liquider son patrimoine indisponible pour le couvrir, dès lors que c'est la finalité même des cotisations que d'en assumer seules le coût, actuarisé grâce aux modèles servant à déterminer les taux de cotisations.

Bien plus, une approche macro-économique, c'est-à-dire prenant en compte la probabilité d'un sinistre qui absorberait soudain la totalité du patrimoine indisponible cumulé de tous ces organismes nous semble démontrer que cette exigence de garantie est, d'un point de vue global, pour le moins confortable.

Alors, mes 50 millions d'amis, vous nous voyez venir ?

Cela peut paraître choquant, soviétique même, mais passons outre l'énormité d'un tel crime, en osant imaginer, juste pour l'exercice, qu'il soit commis.

Que se passe-t-il si l'Etat, prenant dorénavant lui-même à sa charge la garantie de couverture des éventuels sinistres des organismes concernés dépassant leurs recettes de cotisations, reçoit, en compensation de cette décharge de garantie, ce patrimoine, sans intérêts ?

Pour mémoire, c'est exactement le mécanisme mis en œuvre, et organisé par la loi, lorsqu'une mutuelle vient en substituer une autre, se portant garante du service de ses prestations en échange du transfert, à son bénéfice, de partie de son patrimoine, à hauteur du risque actuarisé[16].

Salopiauds ! Mains basses sur le patrimoine des mutualistes, c'est-à-dire sur celui d'une grande partie des 50 millions d'amis.

C'est une honte, hurlerez-vous !

Exact ! Et c'est terriblement choquant, et nous en avons nous-mêmes des nausées !

Mais, à froid, avec objectivité dépassionnée, quelle personne physique est lésée, qui en subit le moindre début de préjudice ?

Personne !

Les adhérents continuent à être couverts, voire le sont de manière plus sécure encore, puisque les organismes concernés bénéficient dorénavant de la garantie de l'Etat.

---

[16] La substitution, concept instauré en droit français par l'ordonnance n° 2001-350 du 19 avril 2001 créant le nouveau code de la mutualité, est une convention par laquelle une mutuelle ou une union de mutuelles, appelée « substituée » (ou « cédante »), transfère une partie ou l'intégralité de ses risques assurantiels à une autre mutuelle (ou union de mutuelles) appelée « substituante » ou « garante » (art. L. 111-1, L. 211-5 et R. 211-21 et s. c. mut.).

Leur fonctionnement n'est en aucune façon menacé, ni même bouleversé.

Ils disposent toujours de la plénitude de leurs ressources d'exploitation et de leur patrimoine disponible, c'est-à-dire non affecté à la garantie de leur solvabilité.

Ils conservent, de manière strictement inchangée, leur louable raison d'être et leur autonomie.

Qui plus est, ils s'affranchiront, et l'Etat avec, des contraintes et coûts des incessants contrôles de solvabilité, qu'elles subissent de la part de l'Autorité de Contrôle Prudentielle et de Résolution (ACPR), puisqu'ils auront centralisé entre les mains de l'Etat le patrimoine garantissant, via la main de l'Etat, leur solvabilité.

On pourrait même imaginer de procéder à l'identique à l'égard des sociétés d'assurance, mais, à la différence des organismes à but non lucratif, ces entreprises ont bel et bien de vrais propriétaires patrimoniaux *in fine*, en l'occurrence leurs actionnaires.

Leur patrimoine n'est donc pas constitutif de *biens de main morte*.

Quoi qu'il en soit, les « *biens de main morte* » des seules Mutuelles, Assurances Mutuelles et autres Institutions de prévoyance représentent sans doute, à eux seuls, des montants conséquents, qui devraient, sans le moins du monde spolier ces organismes ou leurs membres, permettre de clore notre exercice, en considérant que, s'ajoutant aux contributions issues des anticipations d'impôts sur le revenu et sur les successions, outre les autres bénéfices collatéraux de nos recettes, les liquidités collectées par ces trois mesures devraient approcher, si ce n'est dépasser 1 100 milliards d'euros.

Voilà ainsi la France rendue à ses seuls créanciers nationaux, ayant réduit de moitié le fardeau de sa dette, et donc le poids des intérêts, restaurant sa crédibilité mondiale et ses marges de manœuvre, ainsi autorisée à influer à nouveau significativement sur sa propre politique et sur le sort de ses citoyens.

Certes, ces ressources immédiates sont dégagées au prix de recettes plus modestes pour les années à venir, puisque voilà l'Etat privé, pour un temps, des prélèvements sur les ménages ainsi anticipés, mais il aura ouvert l'ère d'une gestion assainie de son budget, et devra à nos enfants de dorénavant limiter ses dépenses, dûment sélectionnées comme indispensables, et engagées au juste prix, à de raisonnables recettes.

Ces recettes seront financées par la contribution des ménages à proportion de leur faculté contributive via la TAN, via la *flat tax*, présentés au chapitre IV ci-après, et via la TVA.

Considérant ainsi contenu le premier incendie, celui de la dette souveraine et du financement des mesures d'urgence, il s'agit de s'atteler aux chantiers de la sélection des dépenses publiques de demain, et à la modernisation novatrice du système fiscal.

C'est justement là l'amorce du cercle vertueux qu'il nous faut initier, prémices à une nécessaire révolution de notre dépense puis de notre fiscalité.

Il nous semble que les cinq années qui viennent seront l'occasion de mettre en œuvre pareille révolution, aboutissant, à terme, à un système novateur et moderne, adapté à nos sociétés, et non à celles du défunt vingtième siècle, un système que la France est candidate idéale à porter avant tous, précurseur d'un nouveau modèle sociétal.

CHAPITRE IV
Un Grenelle de la dépense et un système fiscal refondu

Inventorier, auditer puis sélectionner les seules dépenses utiles en s'assurant du juste prix

Avant de parler de Recettes, il convient de parler des dépenses.

En France, nul n'est en réalité capable d'en maîtriser le périmètre, les bénéficiaires, l'utilité, la non-redondance, le juste coût, etc.

Il faudra donc se livrer au travail de fourmi d'organiser un immense audit national et local des dépenses de l'Etat et des collectivités territoriales, la Cour des Comptes devant pour cela mobiliser des équipes d'auditeurs, qui feront, sur le terrain, inventaire de chaque poste de dépense, jusqu'au plus petit crayon.

Leur travail sera d'inventaire, mais aussi d'analyse de l'impact, du coût et de l'efficacité de chaque dépense, outre sa non redondance avec des services équivalents déjà rendus ailleurs.

Cet inventaire sera remis aux ordonnateurs des dépenses, Maires, Présidents de région, Etat, lesquels devront décider, en parfaite connaissance de cause, avec leurs assemblées, de celles des dépenses qu'il faut supprimer, conserver, réformer, augmenter, réduire, créer.

Cette sélection de la seule dépense publique indispensable, fournie au juste prix, est essentielle, et doit être transparente vis-à-vis du citoyen, de manière que tous puissent consentir à l'impôt levé, en exécution d'un système fiscal entièrement refondé.

Il s'agit dorénavant de tendre vers une véritable économie de l'usage, et non de la propriété, fondée sur des principes de dignité et de responsabilité de l'individu, ce qui implique l'éradication tant de la pauvreté que de l'assistanat béat et humiliant, et la mise en place de garde fous atténuant l'écart déraisonnable dans la captation des richesses par les individus.

Les lignes ci-après s'inspirent très directement du travail extraordinaire du think tank du Centre des Jeunes Dirigeants en 2012, puisque nous nous inspirons largement du modèle qu'ils ont élaboré, que nous reprenons ici pour l'essentiel, de manière très simplifiée, au risque d'une fidélité incertaine aux auteurs. Qu'ils nous en excusent.

L'indispensable refonte de la fiscalité pourrait ainsi avoir pour socle, comme le propose magistralement leur remarquable projet « *objectif Oïkos* »[17] conçu par le CJD, aux lieu et place de l'impôt sur le revenu et autre CSG, devenus illisibles, et outre la **taxe sur l'actif net** (TAN), qu'on évoquera ci-après, une ***flat tax*** prélevée à la source sur tous les revenus.

En d'autres termes, sur ce que je consomme, le réinjectant de fait dans l'économie, je ne contribue à l'impôt que par la ***flat tax*** et la **TVA**, et sur ce que je conserve dans le bas de laine, je ne contribue que par la *flat tax,* pour les biens que j'ai acquis par mes revenus, et par la **TAN** et les droits de succession.

Une allocation universelle pare-grande pauvreté

Comme le projet Oïkos le prône, repris d'ailleurs par un candidat à la présidentielle de 2017, Benoît Hamon, sottement moqué à cet endroit, nous suggérons, aux lieu et place de ce mille feuilles d'aides en tous genres, devenues tout autant illisibles, opaques, contre-productives et incompréhensibles, une **<u>allocation universelle</u>** versée à tous les citoyens français, quels qu'ils soient, véritable pare-feu au seuil de pauvreté le plus intolérable.

Qu'on soit bien clair, cette allocation universelle sera un revenu, et, à ce titre, frappée de la *flat tax*, car tout le monde doit, pour faire partie de la communauté, et par dignité, contribuer à l'impôt.

---

[17] Objectif Oïkos – 2012 - CJD

Voilà le moyen immédiat qui permettrait, au moins pour les français, de mettre un terme au plus inacceptable, à l'intolérable, c'est-à-dire à bien pire que la fin de mois difficile, à la nuit au ventre vide, couché sous un vague pont, parfois même avec ses enfants sur la même paillasse, à même le trottoir.

Le montant de l'allocation universelle (« A.U »)

Les projections du CJD l'amenaient en 2012 à une allocation de l'ordre de 400 euros par mois, et par adulte et de 200 euros par mois, et par mineur, étant précisé que l'AU a un caractère strictement individualisé, sans notion de contribuable ou de ménage.

Elle serait versée à tout résident français en situation régulière, peut être selon des critères d'ancienneté à définir.

Le CJD estime que pour 65 millions de français le coût total annuel de l'A.U, sur les bases ci-dessus, serait de 280 milliards d'euros.

Nous ne pouvons, ni n'avons compétence pour ouvrir ici tous les débats, et notamment celui des conditions d'éligibilité à l'A.U du résident français en situation régulière.

Pour notre part, nous pensons qu'il n'est pas impossible de financer par *la flat* tax jusqu'à 350 milliards d'euros d'A.U par an, comme nous le verrons un peu plus loin.

Ainsi, compte tenu d'une population totale de 65 millions d'habitants, et en faisant une règle de trois par rapport aux projections de 2012 du CJD, fondées non pas sur 350, mais sur 280 milliards d'euros, nous pensons possible de fixer l'A.U à 500 euros mensuels par adulte, et 250 euros mensuels par mineur.

Ainsi, un ménage ayant deux enfants mineurs percevrait-il 1 500 euros d'A.U par mois, en remplacement de toutes les aides auxquelles il peut aujourd'hui prétendre, quel que soit son revenu par ailleurs.

Le financement de l'AU par une *flat tax* aux lieu et place de l'IR et de la CSG

Selon le CJD, une *flat tax* égale à 20 % du revenu de chaque contribuable devrait rapporter à l'Etat, de quoi lui permettre de couvrir le coût de l'allocation universelle à hauteur, en 2012, de 280 milliards d'euros.

Il faut prendre en considération que l'Etat s'y retrouvera en partie, notamment grâce à la TVA perçue sur la consommation du supplément de pouvoir d'achat ainsi redistribué, outre les fruits de l'enclenchement d'un cycle vertueux sur l'économie, résultant de l'accroissement du niveau de vie.

Pour notre part, nous imaginons plutôt une *flat tax* à deux vitesses, soit 20 % en dessous du revenu moyen de chaque contribuable, soit environ 27 000 euros[18], et 30% au-dessus de ce seuil.

Pour l'exercice, nous admettrons qu'il en ressortira, pour cette *flat tax* à deux vitesses, un **taux moyen** de 25 % à appliquer au revenu total annuel des français, estimé à environ 1 400 milliards d'euros[19], soit le rendement annuel de 350 milliards d'euros évoqué au chapitre précédent, destiné à financer l'allocation universelle.

En complément de la *flat tax* et de la TVA, un impôt unique : la TAN

Le maquis des contributions en tous genres, perçues sur le patrimoine, telles l'IFI, l'ex symbolique ISF, ou frappant les revenus, dont la CSG, sera simplifié, en recourant à un impôt unique, outre la *flat-tax* ci-avant et la TVA, , une taxe sur l'actif net de chaque français, celle la même proposée par le projet Oïkos (TAN)[20].

Il s'agit là d'une nouvelle doctrine de la répartition de la charge fiscale, remarquable par sa simplicité et son équité,

---

[18] Figaro.fr/conjoncture 27.02.2018 : le revenu net par contribuable en 2016 était de 2 250 euros par mois.

[19] Figaro.fr/conjoncture 27.02.2018 : le revenu des ménages français à 1 377 milliards d'euros en 2016.

[20] Cf. Objectif Oïkos : Le Livre Blanc du CJD Eyrolles– 2012.

qui s'inscrit en parfaite cohérence avec nos suggestions ci-avant, en matière d'impôt sur les successions, et qui, socialement, met un terme aux éternelles rancœurs nourries autour de l'ISF.

Le principe reste le même que déjà exposé : Ce que vous consommez, et donc qui est remis dans le circuit économique, n'est frappé que de la *flat tax* et de la TVA.

Ce que vous conservez dans le nourrain patrimonial est en outre taxé de la TAN.

Car on aura bien sur noté qu'il faudra bien, à présent, pour l'Etat, combler le manque à gagner, au titre, d'une part, de l'actuel IR, la recette de la *flat tax* étant totalement absorbée par l'allocation universelle, et, d'autre part, de la CSG, même si l'allocation universelle diminue d'autres dépenses de l'Etat, puisqu'elle se substitue à la plupart des autres aides sociales.

Nous disons « *la plupart* », car, en réalité, certaines dépenses ne sont pas classées dans les aides sociales, et perdureront, comme, par exemple, le coût des HLM, dont il faudra cependant certainement veiller à ce que les loyers soient en lien direct avec les revenus des occupants, à la différence des dérives aujourd'hui légion.

Les recettes fiscales de l'IR et de la CSG ainsi perdues, diminuées des gains de productivité de l'impôt, notamment grâce au meilleur rendement de la TVA, seront compensées par celles à provenir de la TAN.

Si on additionne le manque à gagner pour l'Etat entre l'IR (75 milliards d'euros) et la CSG (environ 100 milliards d'euros[21]), c'est donc, si on ajoute l'asséchement dû aux quelques autres impôts supprimés, dont l'IFI, environ 180 milliards d'euros annuels qu'il faut trouver.

Les projections du rapport Oïkos évaluent la TAN, nécessaire pour équilibrer le budget, à environ 1.25% de l'actif net par contribuable et par an, porté à 2.5 % pour les tranches de patrimoine les plus élevées.

En réalité, ces taux sont assez proches de ceux de l'ISF ancienne mouture, mais la TAN, à la différence de l'ISF, frappe tous les actifs, de tous les contribuables.

L'effort demandé est ainsi universel.

Le CJD estimait, sur ces bases, le rendement de cette TAN, en l'admettant fondée sur un taux unique de 1.25 %, à environ 115 milliards d'euros par an, base 2012.

---

[21] www.la-croix.com/Economie/France/1-000-milliards-deuros-dimpot-2018-10-15-120097613

Le patrimoine net moyen des ménages français serait de l'ordre de 235 900 euros[22], 50 % des ménages détenant un patrimoine supérieur à 113 900 euros[23].

Il nous paraitrait plus juste de pratiquer trois taux, l'un de 0.75%, par exemple, en dessous de 200 000 euros de patrimoine net, puis de 1.25 %, jusqu'à 500 000 euros, et enfin de 2.5 % au-dessus de 500 000 euros par contribuable.

Nous suggérons en outre d'exonérer la résidence principale de l'assiette *TANable,* dans la limite, cependant, d'un certain plafond, variable en fonction du lieu de situation du lieu de résidence, et cohérent avec les prix du marché local.

Si nous prenons en compte que le patrimoine financier des français est, en 2018, de plus de 5 000 milliards d'euros[24], et représente 40 % du patrimoine des français, on extrapolera que le patrimoine total des français doit donc être de l'ordre de 12 500 euros environ en 2018.

---

[22] https://bfmbusiness.bfmtv.com/observatoire/pauvre-classe-moyenne-riche-super-riche-ou-vous-situez-vous-par-rapport-au-reste-des-francais-1464602.html consulté le 19 janvier 2019

[23] www.leblogpatrimoine consulté le 19 janvier 2019

[24] https://www.lafinancepourtous.com/2018/12/17/patrimoine-des-francais-en-2018-plus-de-5-000-milliards-deuros/ consulté le 19 janvier 2019

En partant des ratios de calculs, en 2012, du projet Oïkos, appliqués aux chiffres réactualisés, et aux propositions ci-dessus de taux et d'assiette, il nous semble que les recettes à provenir de la TAN, outre les gains de TVA, à résulter de la consommation de l'A.U par les ménages, et la fin de la plupart des aides antérieures, devraient pouvoir approcher les 180 milliards d'euros annuels dont nous avons besoin.

Oïkos va d'ailleurs plus loin encore puisqu'il suggère une augmentation *oecovertueuse* de la TVA sur les produits non socio ou écologiquement responsables[25], initiative particulièrement habile et intelligente, qui prend à bras le corps le financement de la transition écologique, mais nous n'en dirons ici pas plus car nous voulons rester centrés sur notre sujet.

Les cinquante millions d'amis de bonne foi ne chercheront, ni ne verront, de couleur politique dominante dans les quelques pistes ainsi lancées, mais simplement une envie, si ce n'est une nécessité, de réforme équitable, humaniste et progressiste, une solution novatrice pour favoriser le travail et l'entreprenariat, mais aussi pour éradiquer l'intolérable grande pauvreté.

----

[25] Oïkos : la sur taxe sur les produits non œcocompatibles

Encore faudra-t-il aborder courageusement et de front le traitement du problème de l'immigration, sans doute encore plus sensible du fait de l'attrait de notre allocation universelle.

A ce stade de notre projet, les Institutions sont en place, plus proches du citoyen, la dette souveraine de la France est allégée de moitié, et les créanciers étrangers ont été boutés hors du pays.

La fiscalité est refondue, pour dégager équitablement les recettes nécessaires à payer des dépenses, dorénavant sélectionnées et au juste prix.

Chaque français est dorénavant garanti contre la grande pauvreté, mais l'essentiel n'est pas fait, puisqu'il faut s'attaquer au prérequis sans lequel rien ne peut se construire, et nos 50 millions d'amis et nous y sommes profondément attachés, puisqu'il s'agit de **restaurer d'urgence un impératif d'égalité des chances sur la ligne de départ entre tous nos enfants.**

CHAPITRE V
De l'Avenir de nos enfants

Consacrer tous les efforts possibles, de manière prioritaire, à atténuer les inégalités du départ dans la vie, de l'entrée au collège à l'entrée dans le grand bain de la vie d'adulte.

C'est le plus petit dénominateur commun, du projet.

Il est impérieux et urgent.

Celui-là n'est pas négociable, simplement parce que, pour cette période de leur vie au moins, les gamins ne sont pour rien à l'endroit où ils naissent.

On naît où le hasard nous place.

Il n'y a pas de hiérarchie, mais il y a des écarts de bonheur, de culture, de douleur, de ressources, d'éducation, entre et à l'intérieur de toutes les classes sociales, certaines étant fondamentalement mal loties par essence.

N'y apporter aucune réponse, aucun rééquilibrage, est juste simplement inacceptable.

Là, il nous faut, dès demain, car c'est infiniment urgent, mettre un système ambitieux et novateur en place.

Nous sommes certains que nos 50 millions d'amis sont prêts à faire toutes les concessions, y compris idéologiques, en renonçant aux dogmes partisans, pour s'associer à un projet qui permettra d'atténuer ce fatal état de fait de l'inégalité de nos gamins, et les irréversibles dégâts, dramatiquement injustes, qu'il génère.

Il s'agit tout autant de veiller aux sorties de route, en veillant à remettre dans la course, autant que faire se peut, les conducteurs égarés.

Un nouvel humanisme

Il nous semble que le respect de la dignité de chacun passe par le rejet de la culture de l'humiliant ***Etat Providence***, au profit d'un ***Etat protecteur***, juste et équitable, dont la mission première est de s'assurer que nul n'est laissé en route, fut ce après un accident qu'il eut pu éviter, et que chacun est, s'il le faut, restauré dans sa participation à la collectivité sociale, sans que nul ne se sente pour autant assisté.

Nous considérons que secourir et remettre en selle les accidentés de la vie n'est ni une assistance, ni une charité, mais la moindre des dignités humaines, à l'honneur de la société toute entière.

Ces quelques humeurs ainsi posées, nous n'avons pas la prétention de livrer clef en main un quelconque projet magique au nom de nos 50 millions d'amis.

Nous n'y aurions d'ailleurs aucune légitimité, ne possédant, ni ne revendiquant, aucune compétence, aucune technicité pour justifier une telle audace.

Cependant, nous n'avons pas de honte à livrer quelques idées iconoclastes, sans doute rétro ou quelque part simplistes.

Peu importe. Puisqu'elles traversent nos esprits de simples citoyens ordinaires, et que nous sommes appelés au débat, nous prenons le risque du ridicule en les livrant ici.

Qui sait, peut-être que quelques élites s'attelleront enfin à dessiner un projet substantiel de réforme, plus consistant que nous, mais tendant au même objectif.

Nous voulons juste, l'espace de ces quelques lignes, jouer à l'architecte amateur qui laisse libre plume à son croquis, au risque du qu'en dira-t-on, avant de convenir être bridé par les contraintes techniques.

L'exercice est sans garde-fou, nous sommes conscients des raccourcis, des errements, des énormités, du simplisme de ces quelques propos, mais, une fois encore, puisqu'on nous y invite, n'ayons pas honte d'être citoyen non avisé.

Des enfants qui démarrent leur vie par un apprentissage commun

Les uns évoqueront les trop modestes moyens consacrés au budget de l'éducation nationale.

D'autres crieront aux effectifs insuffisants du corps professoral.

Certains accableront les effectifs trop importants dans les classes, d'autres encore, la semaine de cinq jours, là où elle devrait être de six, ou celle de quatre, lorsqu'elle devrait être de cinq.

Par principe, aucun n'est prêt à convenir du bien-fondé d'une réforme suggérée, partant, bien au contraire, par avance sabre au clair à la première esquisse d'embryon de projet.

On s'y opposera par principe, sauf s'il s'agit d'allocations de nouvelles ressources ou de création de nouvelles classes ou de nouveaux postes d'enseignants.

Aucun, surtout, politique, enseignant ou parent, ne conviendra avoir la moindre part dans l'échec cuisant des trente dernières années, au pays où les dotations au budget de l'éducation nationale font pâlir d'envie nos voisins européens, dont pourtant les résultats ne semblent pas vraiment devoir rougir au vu des nôtres.

Contentons-nous donc du constat, ne recherchons pas les responsables, c'est peine perdue, et finalement sans intérêt.

Admettons que le sureffectif scolaire dans certains quartiers est un sous-effectif dans d'autres, que quarante élèves par classe, dans une école catholique d'un arrondissement parisien, est aussi acceptable que sont inacceptables vingt élèves, dans une classe de même niveau d'une Ecole publique de banlieue en déshérence.

Convenons que le gamin d'un foyer confortable d'un quartier apaisé, baigné quotidiennement dans un environnement socio culturel propice, a des racines plantées dans un terreau propice à voir se développer une plante robuste, bien préparée pour affronter sa future vie d'adulte.

Notre système a cru éluder l'échec d'un grand nombre, en donnant un diplôme sans valeur à tous ceux qui, bon an mal an, arrivent à passer, en fin de terminale, la porte de la salle d'examen, plutôt qu'en tentant de compenser la carence de terreau dont souffrent les racines de ceux qui doivent grandir dans un milieu ingrat.

Et puis, et puis, grosso modo 60 à 90 % d'échec de cette population en fin de première année d'études supérieures de médecine, de droit, de commerce, d'ingénieurs, venant, après souvent deux années de vaine tentative, tant leur niveau est faible, grossir les effectifs des formations génériques et fourre-tout, où ils errent sans entrain, déboussolés faute d'excitation vers un futur métier qui ne se profile pas.

Disons le tout net, c'est le départ qui nous semble raté, avec un écart d'accession à l'apprentissage du savoir qui ne cesse de diverger selon son origine.

Il y a ceux, et tant mieux pour eux, bien placés sur la ligne de départ, puis, jour après jour, accompagnés par un staff familial disponible et instruit, bien nourris et studieusement installés dans leur chambre individuelle, absorbant sans entrave leur scolarité.

Et puis il y a les autres, c'est cela qu'il faut arrimer, ceux qui doivent quasiment deviner seuls où se trouve la ligne de départ, si tant est même qu'il sache qu'il y a une course à faire, celle qui mène à la future vie d'adulte.

Ce sont ceux-là qui, le soir venu, rejoignent un environnement financièrement, et parfois affectivement, désertique, partageant leur chambre avec le reste de la fratrie et l'angoisse de leurs parents à affronter leur propre quotidien.

Qu'on ne nous prête pas l'envie de s'en prendre aux premiers, réflexe minable de ceux qui, eux-mêmes souvent confortables dans leurs pantoufles, voyant certains dans le malheur, les incitent à s'en prendre à ceux qui n'y sont pas, ajoutant à leur peine la rancœur de la jalousie et la haine.

Les premiers ne déméritent pas, ne volent rien.

Simplement, ils ont la chance de leur origine.

Notre propos est bien de trouver meilleur terreau pour les seconds et non de piquer celui des premiers pour rempoter les racines des seconds.

Tant qu'on n'aura pas réintégré dans la vie sociale, avec la dignité qu'il se doit, les « *décrocheurs* », c'est-à-dire nos deux cent vingt trois mille gamins qui, chaque année, quittent le système éducatif sans diplôme ni boulot, il n'y aura ni cohésion sociale, ni sécurité publique, ni rémission à la honte qui nous ronge de ne même pas oser croiser leur regard.

Notre ambition est sans couleur partisane.

Quelle que soit celle de ces étiquettes politiques de convenance ou d'opportunité dont on croit devoir s'affubler, nous pouvons tous admettre que l'urgence absolue est d'essayer de faire en sorte que chaque graine puisse puiser l'énergie de sa croissance dans un suffisamment riche substrat de base, de même qualité pour tous.

Peu importe si le succès de l'école privée est la cause de l'échec de l'école publique, ou si c'est l'échec de cette dernière qui induit le succès de la première.

Les faits sont là ! Faisons avec.

La tentative mitterrandienne des années 80 était sans doute noble et fondée pour ceux qui la soutenaient, elle était inacceptable pour ceux qui s'y opposaient, et il fut assez pragmatique pour enterrer le projet.

N'y revenons donc pas.

Pour autant, le clivage sur la ligne de départ doit impérativement, et sans attendre, être réduit.

Pourtant, rien, un néant absolu, dans les projets des uns et des autres, pas le début d'un espoir pour des gamins moins bien nés, pas le début d'un grand challenge, d'une grande cause nationale.

Rien, rien, désespérément rien ! Sauf le nivellement par le bas.

Depuis trente ans, Il ne s'agit plus que le plus possible accède à des études assimilées d'un bon niveau, il faut juste que tous obtiennent un diplôme dévalorisé.

Telle est la doctrine qui a rabaissé notre pays jusqu'au bonnet d'âne européen du savoir, là où il était le premier.

Mais rien ne sert de critiquer le passé, essayons-nous plutôt à quelques suggestions sur ce sujet majeur qu'est la recherche d'un semblant d'équité des chances.

Au moins, pourrons-nous dire à nos enfants qu'à notre modeste échelle, nous aurons tenté quelque chose.

Nous ne sommes pas enseignants, nous n'avons pas appris à enseigner, nous sommes conscients que, même si on est parents, on nous déniera toute légitimité à donner notre avis sur les méthodes d'éducation, et les rythmes à l'école, de nos propres enfants.

L'histoire est pourtant parfois faite de succès, construits au coin du bon sens du non initié.

Après tout, ce sont nos enfants dont on parle et nous le revendiquons.

A ce titre, nous sommes bien les maîtres de l'ouvrage d'enseignement, dont nos professeurs sont les courageux maîtres d'œuvre.

La priorité absolue, qui guide les quelques lignes qui suivent, est qu'aucuns de nos jeunes ne soit sorti de la vie sociale avant son entrée dans le monde des adultes, qu'aucun n'ait été exclu de la maison commune de l'Oïkos, pour reprendre le concept du CJD.

STOP au gavage nocturne et à l'abrutissement intellectuel

Dès le collège, nos gamins sont soumis à un rythme les dépouillant de toutes joies enfantines, pourtant privilège de leur jeune condition.

S'amuser, rire, courir, gambader, s'exprimer, se quereller, désobéir, s'ennuyer, tout cela leur est interdit.

Croulant sous la charge de sacs à dos débordant des livres du jour, ils rentrent à la maison, la journée scolaire endurée, pour, quelque diner avalé et, lorsqu'ils y sont forcés, quelque douche assumée, s'atteler à la soirée de travail.

Pas question de s'amuser, du collège au lycée, au sortir de l'école, plusieurs heures de travail à la maison les attendent.

Est-il vraiment raisonnable de condamner nos enfants aux travaux forcés d'écoliers, à 90 % de leur temps éveillé, les laissant se coucher l'esprit en fusion de la leçon qui continue sa ronde dans leurs cerveaux shootés aux devoirs du lendemain, et sevrés d'oxygène et soleil ?

Nous doutons qu'un tel rythme favorise l'assimilation, ni qu'on leur transmette tant de savoir qu'il faille tant de temps pour l'apprendre.

Chaque soir, celui qui, à la maison, a la chance de trouver l'environnement propice à ses travaux scolaires, creuse un peu plus l'écart avec celui qui, vivant dans des sphères moins clémentes, si ce n'est douloureuses, en subit non seulement le désagrément mais, qui plus est, en est une deuxième fois puni par un niveau scolaire qui, soir après soir, dérive.

Des moments de mixité sociale

Notre suggestion est simple.

Dorénavant, du collège au lycée, plus question de rapporter des livres scolaires à la maison, où dorénavant toute tâche scolaire est exclue.

Trois jours par semaine, tous les enfants, quelle que soit l'établissement, public ou privé, qu'ils fréquentent, doivent rejoindre, de 17 à 19 heures par exemple, l'Etude municipale de leur domicile, où ils se consacrent, toutes classes sociales confondues, à réviser leurs leçons, et préparent leurs devoirs, rendus sur place au chef d'Etude, qui les transmettra lui-même à l'école concernée, histoire que, le soir venu, ce ne soient pas leurs parents qui les fassent à leur place.

Deux après-midi complètes par semaine, tous les enfants, quels qu'ils soient, se retrouvent ensemble au parc des sports municipal, apprennent à se connaître et consacrent, sans regroupement par école d'origine, ce moment à des activités sportives.

Le rétablissement d'un service national

Qui va surveiller les Etudes ?

Des jeunes, dans le cadre d'un service civique d'un an, au même titre que les générations précédentes ont pu consacrer au mieux un an, au pire la vie, à la défense de leurs pays, au service militaire.

Car, même si partir un an sous les drapeaux à 20 ans était une contrainte, souvent perçue comme une perte de temps, c'était là une année de mixité sociale, dont la suppression est sans doute une des causes majeures de l'aggravation manifeste du fossé inter milieux sociaux.

C'était là, en outre, l'ultime opportunité, pour les plus mal lotis, de rompre avec une exclusion, déjà bien avancée, d'une vie sociale normale, grâce à leur soudaine réintégration dans la collectivité, au moins pendant un an, sur un pied de stricte égalité.

Pour ces raisons de bon sens, nous croyons que le rétablissement d'un appel sous les drapeaux pour partager, un an durant, sa vie avec d'autres jeunes de tous milieux, au service de causes communes, comme l'éducation des plus jeunes, les missions humanitaires, de grands projets de construction ou d'intérêt général, d'entraide sociale, d'éveil à la cause environnementale, de participation aux missions de l'armée, de la police, ou encore de la justice, pourrait être un apport considérable à une restructuration de notre tissu social en phase avancée d'individualisme et de distension.

Bien sûr, les enseignants, libérés deux après-midi par semaine, pourraient-ils être, deux heures les autres soirs, les techniciens et professionnels de l'accompagnement et de l'aide des jeunes élèves à l'Etude municipale.

Une intégration rémunérée pour tous dans la vie professionnelle

Dès la première année d'études dites supérieures, ou de lycée professionnel, et jusqu'au terme de cette formation, les études, quelles qu'elles soient, seront menées en alternance obligatoire en entreprise, sur le modèle des externes en médecine, chaque étudiant trouvant là l'opportunité de découvrir le monde du travail, et d'y nouer des liens et connaissances qui, sans nul doute, lui ouvriront plus aisément, au terme de ses études, les portes d'un emploi.

L'Etat portera la plus grande part du fardeau financier, mais les Entreprises devront accueillir chacune leur lot de ces nouveaux apprentis.

On a bien su, voilà 40 ans, mettre en place du jour au lendemain un salaire de remplacement pour les mamans qui restaient au foyer pour élever leur troisième enfant.

Pourquoi serait-il impossible aujourd'hui, puisque le monde a changé, et que les mamans ne restent plus guère à la maison dorénavant, de procéder de même, cette fois au bénéfice des jeunes adultes en cours d'étude en alternance ?

Cette entrée anticipée de chaque jeune dans une vie sociale et économique rémunérée, même modestement au départ, dès la sortie du lycée, nous semble essentielle pour dynamiser ce qui est notre meilleur atout pour l'avenir de notre pays, car ce sont ces jeunes qui inventeront les technologies et produiront les produits et services de demain.

Les innombrables primes à l'emploi, allégements de charges sur les bas salaires ou sur les heures supplémentaires, prises en charge d'emplois jeunes, et autres subsides aux entreprises, aux incertains effets incitatifs, seront réorientés pour financer, au-delà des coûts immédiats de mise en œuvre initiale de la réforme, prélevés sur les 100 milliards d'euros que nous avons, dans l'urgence, dégagés aux chapitres précédents, l'indemnité que percevra dorénavant chaque étudiant pendant ses premiers pas en alternance, jusqu'à ce que, l'expérience avançant, les entreprises en assurent le paiement.

Epilogue

En cet hiver 2019, le germe insidieux et anesthésiant de la dictature politico-médiatique avait métastasé une bonne partie de notre vulnérable démocratie, vautrée repue dans sa satisfaction d'elle-même, ignorant la tumeur compressive qui déjà la menace.

C'est alors que survint, du fond de nos terroirs, la résistance spontanée de la population jaune, avant qu'elle ne soit abimée par quelques rêveurs de chaos, mais au moins ouvra-t-elle à tous le débat.

Interpellé par ce vent de liberté d'idée, je me suis laissé aller au geste salvateur, perçant entre deux doigts l'abcès, faisant jaillir ces pages, inondées du suc soudainement libéré de la frustration trop longtemps contenue, m'affranchissant de toute contrainte de style, sans prétention littéraire autre que la force de la spontanéité.

Les quelques propositions qui ponctuent cet ouvrage, car il ne s'agit pas de seulement incanter, n'ont bien sûr pas vanité de recette institutionnelle, fiscale, économique ou sociale à prendre au premier degré.

Il ne s'agit là que d'idées simples, si ce n'est, j'en suis tristement conscient, simplistes, d'un citoyen lambda, qui s'aventure à donner sa vision de l'ampleur des ambitions dont il rêve pour ses enfants, pour sa Nation.

Ce modeste essai se nourrit de deux espoirs.

Le premier est de provoquer nos Femmes et Hommes d'Etat, pour les inciter au courage du rassemblement autour d'une vraie reconfiguration, pour une France qui peut encore se reprendre en mains, s'ils ne sapent pas ses chances par manque d'abnégation.

Le deuxième est de tenter de soulager tous ceux qui souffrent du même abcès que moi, ils sont 50 millions d'amis, jaunes ou incolores, ou plutôt multicolores, ceux qui votent et qui ne font pas partie des élites politico-médiatiques.

Et si ce petit ouvrage était, parmi bien d'autres, surement, un *Acte I*, puisque les *Actes* sont à la mode, d'un projet coopératif, à l'image des logiciels *open source,* tel Linux, noyau en amont duquel chacun apporte librement ses idées, sa brique et sa technique, sous l'ordonnancement d'un maître d'œuvre impartial, pourquoi pas, justement, un parmi ces spécialistes du recueil et de l'analyse d'opinions, car c'est bien là leur plus-value attendue.

Je vous embrasse, mes chers 50 millions d'amis.